AF359948

PARIS

St. Germain en Laye — Argenteuil — Colombes — Neuilly — Courbevoie — Pantin — Vincennes — Versailles — Sceaux — Charenton — Longjumeau — Palaiseau — Champlan — Orsay

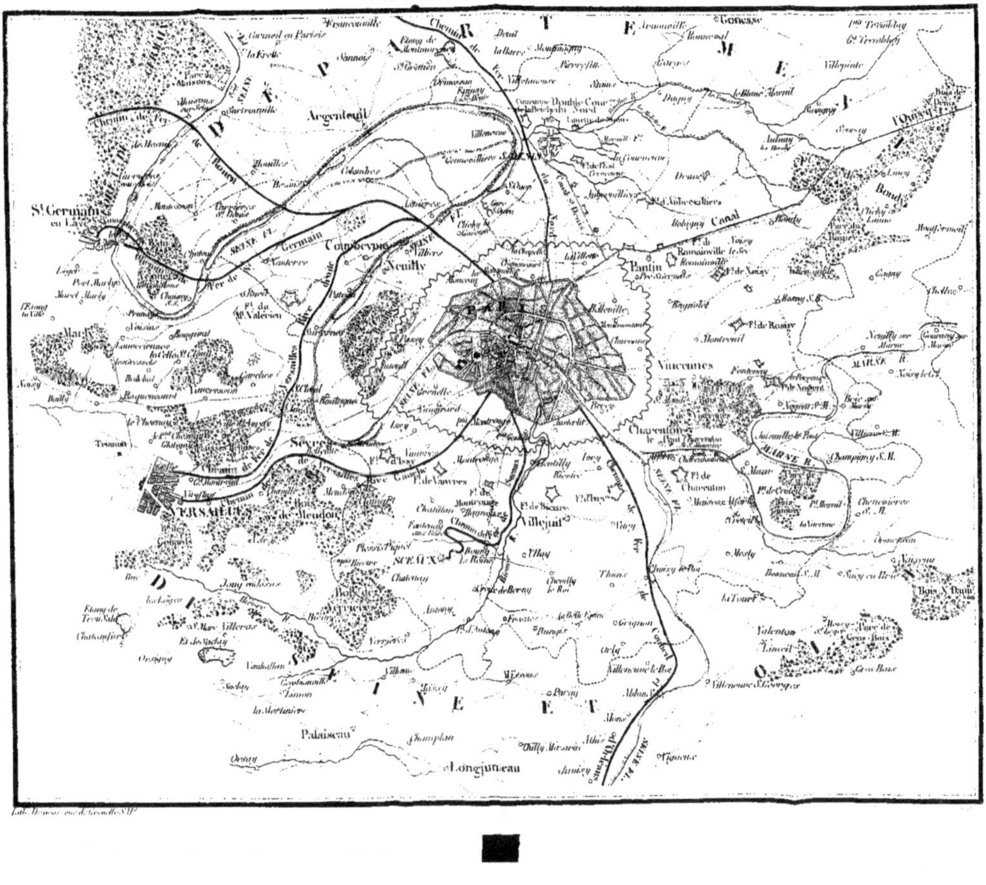

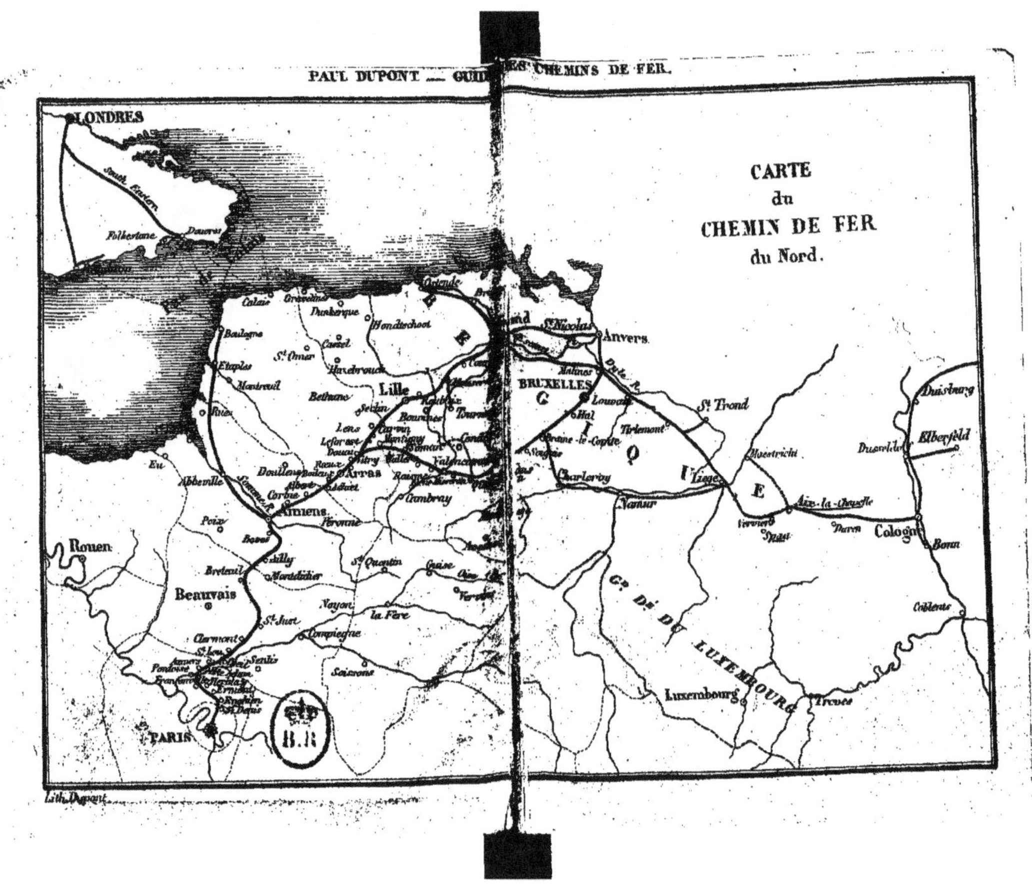

CARTE
du
CHEMIN DE FER
du Nord.
LONDRES
South Eastern
Folkestone
Douvres
Calais
Gravelines
Dunkerque
Hondtschoot
Ostende
Boulogne
Cassel
St Nicolas
Anvers
St Omer
Etaples
Hazebrouck
Lille
BRUXELLES
Louvain
St Trond
Duisburg
Montreuil
Bethune
Seclin
Roubaix
G
Hal
Tirlemont
Elberfeld
Rue
Lens
Orchies
Tournay
Braine-le-Comte
Maestricht
Dusseldorf
Lesforare
Montigny
Courtrai
O
Douai
Somain
Charleroy
Liège
E
Eu
Raeux
Vitry
Halu
Valenciennes
Aix-la-Chapelle
Abbeville
Douillens
Arras
Namur
Verviers
Düren
Cologne
Corbie
Albert
Bapaume
Raismes
Cambray
Bonn
Poix
Amiens
Peronne
Rouen
Breteuil
Roisel
St Quentin
Guise
Oise
Coblentz
Beauvais
Marsdidier
Gr DE DU LUXEMBOURG
Clermont
St Just
Noyon
la Fère
Vervins
St Leu
Senlis
Compiegne
Pontoise
Soissons
Luxembourg
Treves
Ermont
Enghien
St Denis
PARIS
Lith. Dupont

PAUL DUPONT — GIDE DES CHEMINS DE FER.

Lith. Dupont rue de Grenelle St H.

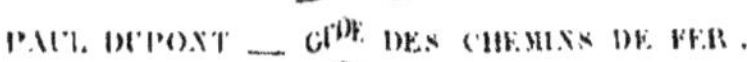

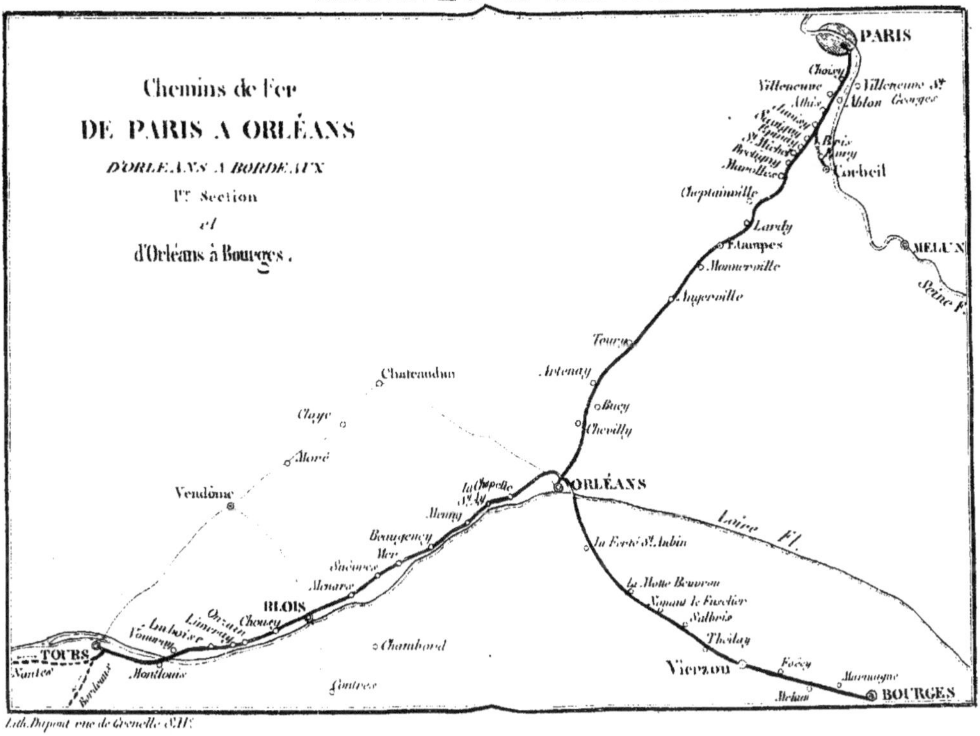

Lith. Dupont r. Grenelle S. H¹ 33

PRIX : 50 CENTIMES.

PAUL DUPONT.

GUIDE

DES CHEMINS DE FER,

DES BATEAUX A VAPEUR

ET DE TOUTES LES VOIES DE COMMUNICATION

De France et de l'Étranger.

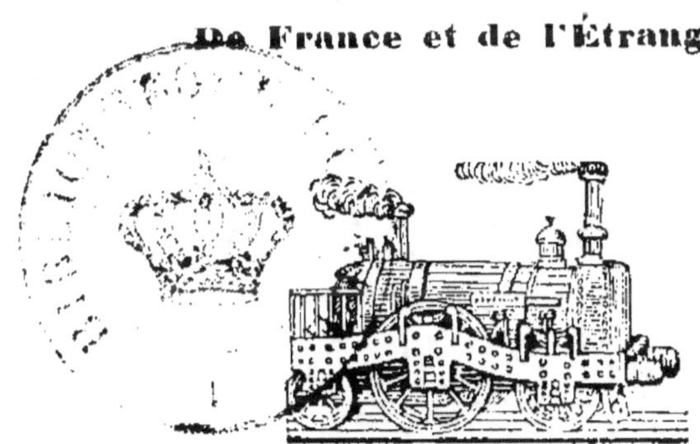

PARIS,

LIBRAIRIE ADMINISTRATIVE ET DES CHEMINS DE FER

De Paul DUPONT,

Rue de Grenelle-Saint-Honoré, 55, hôtel des Fermes.

— 1847 —

CHEMIN DE FER DU NORD.

Clos Saint-Lazare, à Paris.

SERVICE D'ÉTÉ.—1er Août 1847.

Correspondance directe avec l'Angleterre, la Belgique, la Prusse et les Provinces Rhénanes, l'Allemagne et la Suisse.

La distrib. des billets cesse 5 m. avant le dép.—Les bagages doiv. être apportés 15 m. avant le dép.

TARIF POUR LE TRANSPORT DES VOYAGEURS DEPUIS PARIS.

Nos des Stations	NOMS DES STATIONS.	1re Classe	2e Classe	3e Classe	Nos des Stations	NOMS DES STATIONS.	1re Classe	2e Classe	3e Classe
		fr. c.	fr. c.	fr. c.	31		fr. c.	fr. c.	fr. c.
2	Saint-Denis	» 70	» 55	» 40	34	Seclin	27 15	20 45	15 20
3	Enghien	1 25	» 95	» 70	36	**Lille**	28 20	21 25	15 75
4	Ermont	1 55	1 15	» 85	37	Roubaix	29 25	22 »	16 35
4 bis	Franconville	1 85	1 40	1 05	39	Tourcoing	29 45	22 15	16 45
5	Herblay	2 15	1 65	1 20		Mouscron	30 »	22 50	16 75
6	**Pontoise**	3 »	2 25	1 65		Courtrai	31 25	23 50	» »
7	Auvers	3 50	2 65	1 95		Tournai	31 75	23 75	» »
8	Isle-Adam	4 »	3 »	2 30		**Gand**	34 50	26 »	» »
9	**Beaumont**	4 50	3 »	2 50		**Malines**	38 »	28 50	» »
9 bis	Boran	5 »	3 50	2 50		**Ostende**	38 »	28 75	» »
9 ter	Précy	5 50	3 75	2 50		**Bruxelles**	38 50	29 »	» »
10	Saint-Leu	5 50	3 75	2 75		[Station du Nord.]			
11	**Creil**	6 »	4 50	3 25	26	**Douai**	24 90	18 75	13 90
12	Liancourt	7 »	5 »	3 75	28	Montigny	25 85	19 45	14 45
13	**Clermont**	8 »	5 50	4 »	30	Somain	26 45	19 90	14 80
14	*Saint-Just*	9 50	7 »	5 »	32	Wallers	27 50	20 70	15 35
15	Breteuil	11 »	8 50	6 »	33	Raismes	28 40	21 15	15 70
					35	**Valenciennes**	28 60	21 55	16 »
16	Ailly	13 35	10 05	7 45	40	Blanc-Misseron	29 75	22 25	16 50
17	Boves	14 55	10 80	8 05	58	Quiévrain	29 75	22 25	16 50
18	**Amiens**	15 30	11 50	8 55		**Mons**	31 25	23 50	» »
19	Corbie	16 85	12 65	9 40		Braine-le-Comte	33 75	25 25	» »
20	Albert	18 50	13 90	10 35		Charleroy	33 75	27 »	» »
21	Achiet	20 45	15 40	11 45		Namur	38 25	28 75	» »
22	Boileux	21 40	16 10	11 95		**Bruxelles**	35 75	27 »	» »
23	**Arras**	22 20	16 70	12 40		[Station du Midi.]			
24	Rœux	23 25	17 50	13 »		Aix-la-Chapelle	43 45	37 75	» »
25	Vitry	23 85	17 95	13 35		Cologne	56 95	43 25	» »
26	**Douai**	24 90	18 75	13 90		—			
27	Leforest	25 60	19 50	14 50		**Abbeville**	19 95	15 »	11 45
29	Carvin	26 55	19 85	14 75					

VOITURES-SALONS. — Les Trains directs *de jour* contiendront une Voiture à double salon pour chacun desquels on distribuera séparément 9 billets.

Les prix par billet sont :
- de PARIS à AMIENS .... 20 fr.
- — à ARRAS 30
- — à DOUAI 33
- — à VALENCIENNES 35
- — à BRUXELLES 45

Quand un voyageur voudra retenir un salon entier, il devra prendre 8 billets-salons au moins, et pour les personnes qui excéderont ce nombre, se munir de billets de 2e classe. On ne distribue des billets-salons qu'à Paris et à Bruxelles ; mais en route, s'il y a de la place, en s'adressant au contrôleur, on peut changer de voiture et obtenir des places de luxe en payant la différence. Le contrôleur doit toujours remettre, en échange du prix d'un supplément, un bulletin retiré d'un registre à souche et portant le timbre de la Compagnie.

Le prix du transport *des marchandises et articles de messagerie* à grande vitesse est fixé à 0 fr. 036 millièmes par 100 kilogr. et par kilomètre. Les frais de chargement et de déchargement sont de 0 fr. 15 c. par 100 kilogr. Les taxes sont établies par fractions de 10 kilogr. Toutefois, les articles de 2 kilogr. et au-dessous ne payeront que la moitié de ces taxes. *La Compagnie se charge du transport à domicile de tous les articles de messagerie en destination des points qu'elle dessert directement ou par correspondance.*

Il est accordé 30 kilog. de bagages à chaque voyageur. Au-dessus de ce poids, il est perçu pour le port 0 fr. 0045 par 10 kilogr. et par kilomètre jusqu'à 40 kilogr., et 0 fr. 0036 par 10 kilogr. au-dessus de 40 kilogr. La dizaine commencée payera comme si elle était entière.

TARIF pour le transport des Voitures,

	Beaum^t.	St-Leu.	Creil.	Clerm^t.
	fr. c.	fr. c.	fr. c.	fr. c.
Voitures à 1 fond et 2 ou 4 roues...........	25 »	32 »	36 »	43 »
Id. à 2 fonds et 4 roues.............	31 »	41 »	45 »	55 »
Un cheval......................	11 »	44 »	15 50	18 50
Un chien......................	4 »	4 50	4 50	4 50

Lorsque les voitures de poste sont expédiées à grande vitesse, deux dans les voitures à 2 banquettes, sans supplément de prix.

Chevaux et Chiens depuis Paris.

Breteuil	Amiens.	Abbevil.	Arras.	Douai.	Lille.	Valenc.	Bruxel.	Ostende	Cologne
fr. c.	fr. c.	fr. c.	fr. c.	fr. c.	fr. c.	fr. c.	fr. c.	fr. c.	fr. c.
58 »	76 »	98 50	109 »	122 »	138 »	140 »	194 »	207 »	353 »
73 »	96 »	124 80	139 »	156 »	176 »	179 »	234 »	248 »	393 »
24 »	31 »	39 50	43 »	50 »	56 »	57 »	89 »	97 »	»
2 »	2 50	3 50	4 »	4 50	5 »	5 »	8 25	8 75	»

personnes peuvent voyager dans les voitures à une banquette, et trois

SERVICE SPÉCIAL DE BANLIEUE.

TRAINS PARTANT DE PARIS.

DESTINATIONS des TRAINS.	Heures de départ de Paris.	à St-Denis	à Enghien	à Ermont.	à Franconville	à Herblay	à Pontoise
31 **Paris** à **Pontoise**...	7 20	7 31	7 42	7 49	7 56	8 5	8 16
11 — à **Creil**....	8 15	8 26	8 37	8 44	8 51	9 »	9 15
33 — à Pontoise...	9 15	9 26	9 37	9 44	9 51	10 »	10 15
35 — à **Enghien**..	10 15	10 26	10 37	»	»	»	»
37 — à Pontoise...	11 15	11 26	11 37	11 44	11 51	12 »	12 15
39 — à **Enghien**.	12 15	12 26	12 37	»	»	»	»
41 — à Pontoise...	1 15	1 26	1 37	1 44	1 51	2 »	2 15
43 — à **Enghien**..	2 15	2 26	2 37	»	»	»	»
45 — à Pontoise...	3 15	3 26	3 37	3 44	3 51	4 »	4 15
47 — à **Enghien**..	4 15	4 26	4 57	»	»	»	»
49 — à Pontoise...	5 15	5 26	5 37	5 44	5 51	6 »	6 15
21 — à **Creil**.....	6 »	6 11	6 22	6 29	6 36	6 43	7 »
53 — à **Enghien**..	7 5	7 16	7 27	»	»	»	»
51 — à Pontoise..	8 15	8 26	8 37	8 44	8 51	9 »	9 15
55 — à **Enghien**..	9 15	9 26	9 57	»	»	»	»

Pontoise est en outre desservi en 45 minutes par sept grands trains à l'aller et par huit au retour. (Voir les services d'autre part.)

TRAINS ARRIVANT A PARIS.

DESTINATIONS des TRAINS.	de Pontoise	de Herblay	de Franconville	do Ermont.	do Enghien	de St-Denis	Arrivée à Paris.
32 **Pontoise** à Paris..	7 »	7 15	7 22	7 30	7 38	7 48	8 »
6 **Creil** à Paris..	8 15	8 30	8 37	8 44	8 52	9 5	9 15
34 Pontoise à Paris..	10 15	10 30	10 37	10 44	10 52	11 3	11 15
36 **Enghien** à Paris..	»	»	»	»	11 52	12 3	12 15
38 Pontoise à Paris..	12 15	12 30	12 37	12 44	12 52	1 3	1 15
40 **Enghien** à Paris..	»	»	»	»	1 52	2 3	2 15
42 Pontoise à Paris..	2 15	2 30	2 37	2 44	2 52	3 3	3 15
44 **Enghien** à Paris..	»	»	»	»	3 52	4 3	4 15
46 Pontoise à Paris..	4 15	4 30	4 37	4 44	4 52	5 3	5 15
48 **Enghien** à Paris..	»	»	»	»	5 52	6 3	6 15
50 Pontoise à Paris..	6 15	6 30	6 37	6 44	6 52	7 3	7 15
20 **Creil** à Paris..	6 48	»	»	»	»	»	7 30
54 **Enghien** à Paris..	»	»	»	»	7 52	8 3	8 15
52 Pontoise à Paris .	8 15	8 30	8 37	8 44	8 52	9 3	9 15
56 **Enghien** à Paris..	»	»	»	»	10 7	10 18	10 30

Le dimanche, outre les trains indiqués, il sera fait des trains supplémentaires suivant les besoins du service.

TRAIN SPÉCIAL, LE MERCREDI ET LE
Départ d'Enghien pour Paris, à 11 heures

DIMANCHE, POUR LE PARC D'ENGHIEN.
30 minutes du soir. — Trajet en 20 minutes.

HEURES DE DÉPART ET D'ARRIVÉE. — TRAINS PARTANT DE PARIS.

LIGNE DE PARIS A DOUAI.

STATIONS.	Amiens à Lille, Valenciennes et Bruxel.	Paris à Lille et Valenciennes.	Paris à Creil. Train direct.	Paris à Bruxel. et Abbevil. Tr. dir. 1, 2 cl.	Paris à Creil.	Paris à Amiens et Abbeville.	Paris à Lille et Valenciennes.	Paris à Amiens et Abbeville.	Paris à Amiens.	Paris à Creil.	Paris à Amiens et Abbev. Poste. 1, 2 cl.	Paris à Lille, Valenc. Bruxel. Malle-p. 1, 2 cl.
Nos des Trains...	1	5	27	7	11	13	15	17	19	21	25	25
	matin	matin	matin	matin	matin	matin	matin	soir.	soir.	soir.	soir.	soir.
Paris....dép.		6 »	7 15	8 »	8 15	10 »	12 »	3 »	4 »	6 »	7 »	8 »
Saint-Denis....		6 12	»	»	8 27	10 12	12 12	»	4 12	6 12	»	»
Enghien......		»	»	»	8 38	»	»	»	»	6 23	»	»
Ermont......		»	»	»	8 45	»	»	»	»	6 30	»	»
Franconville...		»	»	»	8 52	»	»	»	»	6 37	»	»
Herblay.....		»	»	»	9 »	»	»	»	»	6 43	»	»
Pontoise.....		6 50	7 57	»	9 20	10 50	12 50	3 50	4 50	7 5	7 45	»
Auvers........		6 59	»	»	9 30	11 »	»	4 »	5 »	7 13	»	»
Isle-Adam.....		7 10	»	»	9 42	11 10	1 8	4 10	5 12	7 27	»	»
Beaumont.....		7 25	8 24	»	9 57	11 25	1 25	4 23	5 27	7 42	8 13	»
Boran.......		7 34	»	»	10 8	11 35	1 35	»	5 39	7 54	»	»
Précy.......		7 42	»	»	10 18	11 42	1 45	»	5 47	8 2	»	»
Saint-Leu....		7 50	8 45	»	10 25	11 50	1 50	4 50	5 54	8 9	»	»
Creil.......		8 10	8 55	»	10 55	12 10	2 10	5 10	6 16	8 20	8 53	»
Liancourt.....		8 25		»		12 25	»	»	6 30		»	»
Clermont,....		8 46		9 57		12 40	2 40	5 40	6 47		9 20	»
Saint-Just....		9 2		»		1 2	3 2	6 2	7 11		9 41	»
Bretenil.....		9 30		10 39		1 30	3 32	6 52	7 41		10 10	»
Ailly.......		9 55		»		1 55	»	»	8 7		»	»
Boves.......		10 15		»		2 13	»	»	8 25		»	»
Amiens....arr.		10 30		11 25		2 50	4 50	7 50	8 40		11 »	11 50

STATIONS.	1	5	7	15	25
Amiens..dép.	4 50	10 50	11 45	4 50	12 10
Corbie......	4 56	11 16	»	5 16	»
Albert......	5 27	11 45	12 29	5 50	1 5
Achiet......	5 57	12 16	»	6 21	»
Boileux.....	6 13	12 51	»	6 39	»
Arras......	6 40	12 55	1 15	7 10	2 5
Rœux......	6 57	1 11	»	7 30	»
Vitry......	7 10	1 26	»	7 43	»
Douai....arr.	7 50	1 45	1 55	8 5	2 45

LIGNE DE DOUAI SUR VALENCIENNES ET BRUXELLES.

STATIONS.	matin	soir.	soir.	matin
Douai....dép.	7 45	2 5	8 25	3 »
Montigny.....	8 1	»	8 41	»
Somain......	8 12	2 27	8 54	3 25
Wallers.....	8 29	»	9 11	»
Raismes.....	8 41	»	9 25	»
Valenc....arr.	8 55	2 55	9 35	4 15
Valenc....dép.	10 »	3 10	»	4 35
Blanc-Misseron	10 20	3 50	»	»
Quiévrain....	11 »	4 »	»	5 »
Mons.......	11 45	4 35	»	5 35
Braine-le-Comte	12 35	5 35	»	6 35
Bruxelles. ar.	2 »	6 20	»	7 20

LIGNE DE DOUAI SUR LILLE ET GAND.

STATIONS.	matin	soir.	soir.	matin
Douai....dép.	7 40	2 10	8 20	3 5
Leforest.....	7 54	»	8 34	»
Carvin......	8 7	»	8 47	»
Seclin......	8 22	2 45	9 2	3 48
Lille......arr.	8 40	3 »	9 20	4 5
Lille......dép.	9 15	3 50	9 55	6 »
Roubaix.....	9 30	3 45	9 55	6 15
Tourcoing.....	9 40	3 55	9 55	6 25
Mouscron...	10 55	4 45		7 10
Courtray.....	10 55	5 5		7 50
Gand.....arr.	12 10	6 20		8 45

LIGNE DU NORD.

HEURES DE DÉPART ET D'ARRIVÉE. — TRAINS ARRIVANT A PARIS.

STATIONS.	Creil à Paris.	Abbeville et Amiens à Paris.	Lille et Valenciennes à Paris.	Amiens et Abbeville à Paris.	Bruxell. Lille à Paris. Tr. dir. 1, 2 cl.	Creil à Paris. Train direct.	Amiens à Paris.	Lille, Valenciennes et Abbevil. à Paris.	Lille et Valenciennes à Amiens.	Abbevil. Amiens à Paris. Poste. 1, 2 cl.	Bruxell. et Lille à Paris. 1, 2 cl.
Nos des Trains.....	6	8	10	12	14	20	16	18	22	2	4

LIGNE DE DOUAI A GAND PAR LILLE.

STATIONS.	6	8	10	12	14	20	16	18	22	2	4
			matin		matin			matin	soir.		soir.
Gand............dép.					5 15			9 40			6 55
Courtray...........					6 40			10 55			8 20
Mouscron..........					7 15			11 20	4 50		8 45
Tourcoing..........			5 3		7 30			11 35	5 5		9 »
Roubaix...........			5 35		7 35			11 40	5 10		9 5
Lille............arr.			5 50		7 50			11 55	5 25		9 20
Lille............dép.			6 15		11 »			1 45	7 »		10 »
Seclin.............			6 30		11 15			2 »	7 17		10 18
Carvin.............			6 46		11 51			2 18	7 51		»
Leforest...........			7 1		11 46			2 31	7 44		»
Douai...........arr.			7 45		12 »			2 45	8 »		11 »

LIGNE DE BRUXELLES A DOUAI PAR VALENCIENNES.

STATIONS.	6	8	10	12	14	20	16	18	22	2	4
			matin		matin			matin	soir.		soir.
Bruxelles......dép.					8 15			7 15	»		6 30
Braine-le-Comte....					9 15			9 50	»		7 55
Mons..............					10 10			11 15	»		8 50
Quiévrain.........					10 50			12 25	5 15		9 5
Blanc-Misseron.....					10 55			12 55	5 20		9 10
Valenciennes...arr.					11 45			1 »	5 50		9 50
Valenciennes..dép.			6 »		11 50			1 40	6 50		10 »
Raismes...........			6 15		»			1 50	7 4		»
Wallers............			6 35		»			2 3	7 13		»
Somain............			6 40		12 »			2 18	7 30		10 55
Montigny..........			6 50		»			2 31	7 43		»
Douai..........arr.			7 5		12 20			2 45	7 58		11 »

LIGNE DE DOUAI A PARIS.

STATIONS.	6	8	10	12	14	20	16	18	22	2	4
	matin	matin	matin	soir.	soir.	soir.	soir.	soir.	soir.	matin	soir.
Douai.........dép.			7 25		12 30			3 »	8 15		11 15
Vitry.............			7 38		»			3 14	8 35		»
Rœux.............			7 51		»			3 29	8 46		»
Arras.............			8 10		1 10			3 45	9 10		12 4
Boileux............			8 29		»			4 »	9 29		»
Achiet.............			8 46		»			4 16	9 49		»
Albert.............			9 18		2 »			4 50	10 30		1 5
Corbie.............			9 47		»			5 16	10 57		»
Amiens........arr.			10 10		2 40			5 40	11 25		1 55
Amiens........dép.		7 20	10 30	1 »	3 »		4 »	6 »		12 45	2 15
Boves.............		7 36	»	1 15	»		4 15	»		»	»
Ailly..............		7 53	»	1 32	»		4 32	6 28		»	»
Breteuil...........		8 22	11 25	2 1	3 50		5 1	6 55		1 50	3 15
Saint-Just.........		8 45	11 50	2 26	»		5 26	7 20		2 11	»
Clermont..........		9 11	12 14	2 51	4 32		5 54	7 41		2 35	4 5
Liancourt.........	matin	9 24	»	3 6	»	soir.	6 6	»		»	»
Creil.............	7 »	9 45	12 45	3 30	5 »	5 45	6 30	8 15		3 5	4 55
Saint-Leu.........	7 11	9 56	12 57	3 41	»	5 56	6 41	8 27		»	»
Précy.............	7 18	10 5	1 5	3 48	»	»	6 49	»		»	»
Boran.............	7 27	10 12	1 14	3 57	»	»	6 57	»		»	»
Beaumont.........	7 40	10 23	1 28	4 10	»	6 21	7 10	8 52		3 45	5 10
Isle-Adam.........	7 51	10 36	1 40	4 21	»	»	7 21	9 5		»	»
Auvers............	8 1	10 47	1 55	4 31	»	»	7 31	9 15		»	»
Pontoise..........	8 15	11 »	2 6	4 45	»	6 48	7 45	9 30		4 15	5 45
Herblay...........	8 30	»	»	»	»	»	»	»		»	»
Franconville.......	8 37	»	»	»	»	»	»	»		»	»
Ermont............	8 44	»	»	»	»	»	»	»		»	»
Enghien...........	8 52	»	»	»	»	»	»	»		»	»
Saint-Denis........	9 3	11 38	2 45	5 18	»	»	»	10 3		»	»
Paris............arr.	9 15	11 50	2 55	5 50	6 30	7 30	8 30	10 15		5 »	6 30

OBSERVATIONS relatives aux Tableaux des Heures de départ et d'arrivée.

TRAINS PARTANT DE PARIS.

Nᵒˢ 5, 13, 15, 19 s'arrêtent à St-Denis pour prendre des voyageurs, sans en descendre.

Nᵒ 7. Train direct. Les voitures de poste ne seront pas admises dans ce train. MM. les voyageurs devront les mettre au train nᵒ 5, qui part à 6 h. du matin. — Ce train n'a de voitures de 3ᵉ classe que de Douai à Lille et à Valenciennes.

Les Trains 7, 13, 17 et 23 correspondent directement avec Abbeville. Les départs d'Amiens pour Abbeville ont lieu à 7 h. 30, 12 h. matin, 3 h., 8 h. et 11 h. 30 soir.

Les Trains 5 et 7 corresp. dir. avec Bruxelles, Gand, Malines, Anvers, Bruges, Ostende.

Le Train 25 correspond directement, par Bruxelles, avec Aix-la-Chapelle et Cologne, Malines et Anvers; par Gand, avec Bruges et Ostende, Malines et Anvers. Ce train ne prend ni ne descend de voyageurs entre Paris et Amiens.

Les Trains 7, 23 et 25 ne contiennent que des voitures de 1ʳᵉ et de 2ᵉ classe.

TRAINS ARRIVANT A PARIS.

Nᵒˢ 8, 10, 12 et 18 s'arrêtent à St-Denis pour descendre des voyageurs sans en prendre.

Nᵒ 14. Train direct. Ce train ne prend pas de voitures de poste depuis Amiens jusqu'à Paris; MM. les voyageurs devront les joindre au train nᵒ 16, qui part d'Amiens à 4 h. du soir. Il a des voitures de 3ᵉ classe seulement entre Lille et Douai.

Les Trains 8, 12, 18 et 2 corresp. dir. avec les Trains venant d'Abbeville. Les départs d'Abbeville pour Amiens et Paris ont lieu à 5 h. 30, 11 h. 10 matin; 4 h., 11 h. soir.

Le Train 18 corresp. à Lille avec les Trains d'Ostende, d'Anvers, de Malines et de Gand.

Le Train 4 correspond à Bruxelles avec les Trains venant de Cologne, d'Anvers et de Malines; à Lille, avec les Trains venant d'Ostende, de Bruges, de Cologne par Gand.

Les Trains 14 et 4 ne contiennent que des voitures de 1ʳᵉ et de 2ᵉ classe, ainsi que le Train nᵒ 2 depuis Amiens.

MODIFICATIONS DU DIMANCHE :

Pour Montmorency, *départ supplém. de Paris à 10 h. 15 mat., le dép. de 6 h. soir est supprimé;* — Pour St-Prix, *dép. suppl. 9 h. 15 mat. et 1 h. 15 soir, le dép. de 5 h. 15 soir est supprimé;* — Pour Domont, *dép. suppl. 8 h. 15 mat.;* — Pour Montlignon, Eaubonne, Margency: *dép. suppl. 1 h. 15 soir, le dép. de 5 h. 15 soir est supprimé;* — Saint-Leu, Taverny, *dép. suppl., 1 h. 15 soir; départs de 5 h. 15 et 6 h. soir, supprimés.*

On délivre, à la gare de Paris et dans les principales stations, *des billets jusqu'à destination* pour Bruxelles, Gand, Ostende, Malines, Mouscron, Tournay, Courtray, Quiévrain, Mons, Braine-le-Comte, *et réciproquement* dans ces villes *on délivre* des billets pour Lille, Tourcoing, Roubaix, Valenciennes, Douai, Arras, Amiens et Paris.

Buffets à Creil, Lille et Valenciennes; Buffet et Table d'hôte à Amiens; Buvette à Arras et à Douai. — Omnibus à tous les convois à Pontoise, Beaumont, Creil, Clermont, Breteuil, Amiens, Arras, Douai, Lille et Valenciennes.

TARIF POUR LE TRANSPORT DANS PARIS DES BAGAGES ET DE LA MESSAGERIE.

DÉSIGNATION DES CHARGES.	1ᵉʳ RAYON.	2ᵉ RAYON.	3ᵉ RAYON.	4ᵉ RAYON.
Voyage au crochet, 1 à 50 kilog.......	» 60	» 75	1 »	1 50
— id. — 51 à 50 —	» 75	1 »	1 50	2 »
— id. — 51 à 75 —	1 »	1 50	2 »	2 50
Charrette à 1 homme , 1 à 150 kilog....	1 50	1 75	2 25	2 75
Id. à 2 id., 151 à 300 —	2 »	2 50	3 »	3 50
Id. à 3 id., 301 à 500 —	3 »	3 50	4 »	4 50

Le service des Facteurs dans l'intérieur des gares est entièrement **gratuit.**

TARIF DES OMNIBUS SPÉCIAUX.

Articles de messagerie rendus a domicile. — De 0 à 5 kilog., 50 c.; — de 5 1 2 à 25 kilog., 40 c.; — de 25 1 2 à 50 kilog., 50 c.; — Au-dessus de 50 kilog., et par kilog., 01 c. en sus. — Pour la banlieue, jusqu'aux fortifications, on paye double.

Bagages sur l'impériale. — De 0 à 15 kilog., *gratis;* — de 15 à 50 kilog., 30 c. — Au-dessus de 30 kilog., 01 c. par kilog. en sus.

SERVICE DES VOITURES DE CORRESPONDANCE.

STATIONS d'où partent les VOITURES.	LOCALITÉS desservies PAR LES VOITURES en correspondance.	HEURES DE DÉPART DE PARIS des trains correspondant avec les localités desservies.	HEURES DE RETOUR des points extrêmes VERS PARIS.
St-Denis...	Épinay-sur-Seine...	8 h. 15, 11 h. 15, 5 15 s.	7 15, 10 30 m., 4 30, 8 30 s.
Enghien...	Montmorency......	8 15, 9 15, 11 15, 12 15; 1 15, 2 15, 3 15, 4 15, 5 15, 6, 8 15............	7 10, 8 20, 10 20, 11 20, 12 20, 1 20, 2 25, 3 20, 4 20, 5 25, 8 10.
Ermont... (Modif. le dim.)	Domont.	5 h. 15 soir............	7 h. 45 matin.
	Margency. Montlignon, Taubonne.	8 15, 9 15, 11 15, 5 15, 8 15.	7, 8 15, 10 15, 4 15, 8 15.
	St-Prix.	8 15, 11 15 mat. 5 15, 8 15 s.	6 45, 10 matin, 4, 8 soir.
Franconville	St-Leu, Taverny.	8 15, 9 15, 11 15 matin... 3 15, 5 15, 6, 8 15 soir.	7, 8 15, 10 15 matin. 2 15, 4 15, 6 15, 8 15 soir.
	Taverny.	8 15, 9 15, 11 15 matin. 3 15, 5 15, 5, 8 15 soir.	6 45, 8, 10 mat., 2, 4 soir. 6 h., 8 h. 15 soir.
Pontoise...	Gisors et Chaumont.	8 15 matin, 4 h. soir......	8 h. 15 mat., 4 h. 15 soir.
	Marines.	8 15 matin, 4 h. soir...	6 15, 10 15, 12 15, 6 15.
	Monneville.	5 h. 15 soir...	6 h. 15 matin.
	Fresnes.	5 h. 15 soir...	7 h. 15 matin.
	Magny, par Puiseux.	4 h. soir...	7 h. 15 matin.
Beaumont	Noailles...	4 h. soir...	8 h. matin, 1 h. soir.
	Méru...	6 h. matin, 4 h. soir...	6 h., 11 h. mat., 7 h. soir.
Beaumont	Mouy.	4 h. soir............	7 h. matin.
	Cires-les-Mello.	4 h. soir.	7 h. 30 matin.
	Neuilly-en-Thel.	4 h. soir.	8 h. matin.
	Viarmes.	4 h. soir.	6 h. 30 matin.
	Chambly.	6, 7 15, 12 h. mat., 4 h. s.	10 matin, 3 15, 8 15 soir.
	Presles. Lacave.	A volonté.	
Boran...	Chantilly, par Gouv.	10 h. matin, 6 h. soir....	9 h. 15 matin, 6 h. soir.
St-Leu...	CHANTILLY.	6, 8 15, 12 mat., 4, 7 h. s. et dép. d'Amiens de 7 20 et 6 h.	6 h. 30, 9 15, 12 15, 3, 6.
	Senlis.	6, 8 15, 12 mat., 4 h. soir.	8 h., 11 mat., 2 h., 5 soir.
Creil...	Senlis.	8 10 mat., 4 h. soir, et dép. d'Amiens, 7 20, 10 30, 4 h.	8 15, 11 10 matin, 5 soir.
	Cires-les-Mello.	4 h. soir.	8 h. 15 matin.
Bateaux à vap.	Compiègne par Pont et Verberie. Vic.-s.-A., Attichy. Soissons. Laon.	7 h. 15 matin............	de Compiègne, 1 h. soir. de P.-Ste-Maxence, 4 h. s. d'Attichy, 11 h. matin. de Soissons, 9 h. matin. de Laon, 6 h. matin.
Clermont...	Mouy..... 6, 12, 4,	et d'Amiens, 7 20, 1, 4...	7 30 mat., 1 40, 4 30 soir.
	Beauvais, par Bresles.	8 h., 12 h. m., 4 h., 10 h. s.	6 45, 9 45 matin, 7 soir.
	Crèvecœur-le-Grand, par Francastel.	4 h. s., et départ d'Amiens de 4 h. soir.	5 h. 45 matin.
	Compiègne.	8 h. matin, 4 h. soir.....	6 15 matin, 4 h. 15 soir.
	Grandvilliers.	12 h. matin............	9 h. 15 matin.
St-Just...	Ressons, par Maignelay.	midi	5 h. matin.
	Montdidier p. Ferrières.	midi (et départ d'Amiens de 1 h. soir...)	midi.
	Rosières, p. Montdidier.	midi	9 h. 30 matin.
	Chaulnes, Lihons.	midi	7 h. 30 matin.

SERVICE DES VOITURES DE CORRESPONDANCE. (Suite.)

STATIONS d'où partent les VOITURES.	LOCALITÉS desservies PAR LES VOITURES eu correspondance.	HEURES DE DÉPART DE PARIS des trains correspondant avec les localités desservies.	HEURES DE RETOUR des points extrêmes VERS PARIS.
Breteuil...	Montdidier.........	6, 8, 10 m., 4 h. s., et départ d'Amiens de 7 20, 10 30, 6.	6 h. 45, 9 mat., 5 45 soir.
—	Roye.........	10 matin.................	7 h. 30 matin.
Relais de poste à la station	Grandvilliers........	8 matin et d'Amiens 7 20.	8 h. matin.
	Beauvais, p. Froissy.	départ d'Amiens de 7 h. 20.	
Amiens....	Doullens.........	8 h., 12 h. matin.........	6 h., 10 h. matin, 3 h. s.
Corbie.....	Harbonnières......	midi	8 h. matin.
Albert.....	Péronne...........	6 h., 8 h., 12 h. matin...	5 h. 30, 1 h. soir.
Achiet.....	Bapaume..........	6 h., 12 h. matin......... de Douai 7 25 mat., 3 h. s.	7 h. 45 mat., 4 h. 15 soir.
Arras......	St-Omer...........	8 h. soir............	7 h. matin.
	Cambrai et le Cateau	8 h. matin............	9 h. matin.
Douai.....	Cambrai.........	6, 8, 12 mat. et dép. de Lille de 6 15, 11 mat., 1 45, 7 s.	4 h. 30, 9 mat., 4 30 soir.
Lille......	Dunkerque par Armentières, Cassel et Bergues.	6 h., 8 h. mat., 8 h. soir.	Midi, 10 h. soir.
	Maubeuge, p. Bavay.	8 h. matin, 8 h. soir.....	
	Avesnes par Berlaimont.	8 h. soir............	Ret. p. le tr. de 6 30 s. Valenciennes
	Landrecies, par le Quesnoy.	8 h. matin, 8 h. soir.....	Ret. p. le tr. de 11 50 et 10 s.
Valenciennes	St-Amand-les-Eaux.	8 h. matin, 8 h. soir.....	Pour le train de 11 h. 30.
	Condé et Bonsecourt.	8 h. matin............	Pour les trains de 11 h. 30
	Solesmes et le Cateau.	8 h. matin............	matin et 6 h. 30 soir.

On délivre des places d'avance pour ces services aux gares de Paris et d'Amiens.

SERVICES DE MESSAGERIES —— Transport de Diligences.

PARIS à BOULOGNE, par Abbeville et Montreuil.

Départ : 7 h. mat. | Tous les jours, Messag. royales...—Retour, 9 h. 30 soir.
— 9 h. mat. | Tous les jours, Messag. générales.—Retour, 9 h. 30 soir.
— 2 h. soir. | Tous les jours, Messag. royales...—Retour, 8 h. 30 mat.
— 6 h. soir. | Tous les jours, Mess. roy. et gén.—Retour, 5 h. 30 soir.

PARIS à CALAIS, par Arras, Béthune et St-Omer.

Départ : 7 h. mat. { Les jours pairs, Messag. générales.—Retour, 1 h. soir, jours impairs.
{ Les jours imp., Messag. royales...—Retour, 1 h. soir, jours pairs.

CALAIS, par Abbeville et Boulogne.

Départ : 6 h. soir. { Messageries royales.............—Retour, 10 h. 30 mat., 4 h. 30 s.
{ Messageries générales..........—Retour, 10 h. 30 mat., 4 h. 30 s.

PARIS à St-QUENTIN, par Breteuil, Roye, Nesle et Ham.

Départ : 6 h. soir. | Tous les jours, Messag. royales...—Ret., 6 s. (Mess. roy.), t. l. jours.
— 7 h. soir. | Id. Messag. générales.—Ret., 7 s. (Mess. gen.), t. l. jours.

PARIS à EU et LE TRÉPORT, par Breteuil, Blangy, Gamache et Aumale.

Départ : 9 h. mat., tous les jours, Union des Postes. Retour, 7 h. mat.

PARIS à BEAUVAIS et à GRANDVILLIERS, par Clermont.

Départ : 9 h. 1 2 soir, tous les jours. { Retour de Beauvais, 10 h. 25 s. (Union des Postes.) { — de Granvilliers, 9 h. soir.

Bureaux : Rue du Bouloi, 7 et 9, et à la gare du chemin de fer.

Pour ces services, il faut prendre sa place dans les bureaux des Messageries d'où l'on part, 45 minutes avant les heures indiquées ci-dessus.

SERVICE INTERNATIONAL PAR LILLE.

TRAINS PARTANT DE LILLE.

NOMS des STATIONS.	à Gand, Ostende, Bruxell., Tournai, Cologne. 61	à Gand, Ostende, Bruxelles, Anvers, Aix-l.-Ch. Tournai 63	à Tourcoing. 65	à Tournai. 67	à Gand, Ostende, Anvers et Bruxelles. 69	à Gand. 71	à Tournai. 73	à Tourcoing. 75
Ligne de Lille à Mouscron.	matin.	matin.	soir.	soir.	soir.	soir.	soir.	soir.
Lille............dép.	6 »	9 15	12 15	2 30	3 30	5 15	7 45	9 55
Roubaix............	6 15	9 50	12 50	2 45	3 45	5 30	8 »	9 50
Tourcoing..........	6 25	9 40	12 55	2 55	3 55	5 40	8 10	9 55
Mouscron.......arr.	6 35	9 50	»	3 5	4 05	5 50	8 20	»
Ligne de Mouscron à Gand, Ostende, Bruxelles et Anvers.								
Mouscron.......dép.	7 10	10 35	»	»	4 45	6 25	»	»
Courtrai........ —	7 30	10 55	»	»	5 05	6 45	»	»
Gand...........arr.	8 45	12 10	»	»	6 20	8 »	»	»
Ostende......... —	9 40	2 35	»	»	9 »	»	»	»
Anvers.......... —	11 48	3 05	»	»	9 25	»	»	»
Bruxelles....... —	11 10	2 35	»	»	9 »	»	»	»
Ligne de Mouscron à Tournai.								
Mouscron.......dép.	7 5	11 20	»	3 45	»	»	8 50	»
Tournai........arr.	7 35	11 50	»	4 20	»	»	9 20	»

TRAINS ARRIVANT À LILLE.

NOMS des STATIONS.	de Tourcoing, correspondance avec Paris. 62	de Gand et de Tournai. 64	de Gand, Bruxell., Ostende, Anvers, Tournai. 66	de Tourcoing. 68	de Gand, Ostende, Bruxelles, Anvers, Liège, Aix-la-Ch. 70	de Tournai. 72	de Tournai. 74	de Gand, Bruxell., Ostende, Anvers, Cologne. 76
Ligne de Bruxelles, Ostende et Gand à Mouscron.	matin.	matin.	matin.	soir.	matin.	soir.	soir.	soir.
Bruxelles........dép.	»	»	6 »	»	11 30	»	»	4 50
Anvers.......... —	»	»	6 40	»	11 »	»	»	4 15
Ostende......... —	»	»	6 45	»	10 15	»	»	6 »
Gand............ —	»	5 45	9 40	»	1 50	»	»	6 55
Courtrai........ —	»	6 40	10 55	»	3 15	»	»	8 20
Mouscron.......arr.	»	7 »	11 15	»	3 55	»	»	8 40
Ligne de Tournai à Mouscron.								
Tournai.........dép.	»	6 30	9 45	»	»	4 5	5 45	»
Mouscron.......arr.	»	7 5	10 20	»	»	4 40	6 20	»
Ligne de Mouscron à Lille.								
Mouscron.......dép.	»	7 15	11 20	»	3 40	4 50	6 30	8 45
Tourcoing..........	5 50	7 30	11 35	1 50	3 55	5 5	6 45	9 »
Roubaix............	5 55	7 35	11 40	1 55	4 »	5 10	6 50	9 5
Lille..........arr.	5 50	7 30	11 55	1 50	4 15	5 25	7 5	9 20

SERVICE INTERNATIONAL PAR VALENCIENNES.

TRAINS PARTANT DE VALENCIENNES.

NOMS des STATIONS.	Paris à Bruxelles. 1re, 2e cl.—Poste. 25	Valenc. à Bruxell. mixte. 81	Valenc. à Bruxell. 85	Marchandises. 85	Valenc. à Bruxell. 87	Paris à Bruxelles. 7	Valenc. à Bruxell. mixte. 89	Marchandises. Facultatif. 91
	matin	matin	matin	matin	soir.	soir.	soir.	soir.
Valencien. dép.	4 15	5 15	10 »	11 »	1 45	5 10	4 15	7 »
Blanc-Misseron	4 55	5 55	10 20	11 30	2 5	5 30	4 55	7 30
Quiévrain. arr.	4 40	5 40	10 25	11 55	2 10	5 35	4 40	7 35
Quiévrain. dép.	5 »	6 15	11 »	»	2 45	4 »	5 »	»
Mons.	5 55	7 15	11 45	»	3 50	4 55	6 »	»
Braine-L.-Comte	6 55	8 50	12 55	»	4 40	5 55	7 25	»
Bruxelles. arr.	7 20	9 50	2 »	»	5 45	6 20	8 30	»

TRAINS ARRIVANT A VALENCIENNES.

NOMS des STATIONS.	Marchandises. 82	Braine-le-Comte à Valenciennes. 84	Bruxell. à Valenc. 14	Bruxell. à Valenc. Mixte. 86	Bruxell. à Valenc. 88	Marchandises. Facultatif. 90	Marchandises. Facultatif. 92	Bruxelles à Paris. 4
	matin	matin	matin	soir.	soir.	soir.	soir.	soir.
Bruxelles. dép.	»	»	8 15	7 45	12 50	»	»	6 30
Braine-L.-Comte	»	6 30	9 15	9 50	1 55	»	»	7 30
Mons.	»	8 20	10 5	11 15	2 40	»	»	8 25
Quiévrain. arr.	»	9 »	10 45	12 15	5 15	»	»	9 »
Quiévrain. dép.	6 50	9 5	10 50	12 25	5 20	5 15	7 »	9 5
Blanc-Misseron	6 55	9 10	10 55	12 55	5 25	5 20	7 5	9 10
Valencien. arr.	7 5	9 50	11 15	1 »	5 45	5 50	7 55	9 30

SERVICE DES VOYAGEURS ENTRE LILLE, DOUAI ET VALENCIENNES.

NOMS des STATIONS.	Douai à Valenc. 25	Lille à Valenc. 10-1	Lille à Valenc. 14-5	Douai à Valenc. 7	Lille à Douai. 18	Lille à Valenc. 22-15	Lille à Douai. 4
	matin	matin	matin	soir.	soir.	soir.	soir.
Lille. dép.	»	6 15	11 »	»	1 45	7 »	10 »
Seclin	»	6 50	11 15	»	2 »	7 17	10 18
Carvin	»	6 46	11 31	»	2 18	7 31	»
Leforest	»	7 1	11 46	»	2 31	7 44	»
Douai. arr.	»	7 15	12 »	»	2 45	8 »	11 »
Douai. dép.	3 »	7 45	12 5	2 5	»	8 25	»
Montigny	»	8 1	12 21	»	»	8 41	»
Somain	3 25	8 12	12 32	2 27	»	8 54	»
Wallers.	»	8 29	12 49	»	»	9 11	»
Raismes.	»	8 41	1 1	»	»	9 23	»
Valencien. arr.	4 »	8 55	1 15	2 55	»	9 35	»

NOMS des STATIONS.	Douai à Lille. 25	Valenc. à Lille. 10-1	Valenc. à Douai. 1, 2 cl. 14	Douai à Lille. 7	Valenc. à Lille. 18-9	Valenc. à Lille. 22-15	Valenc. à Douai. 4
	matin	matin	matin	soir.	soir.	soir.	soir.
Valencien. dép.	»	6 »	11 50	»	1 40	6 50	10 »
Raismes.	»	6 11	»	»	1 51	7 1	»
Wallers.	»	6 25	»	»	2 5	7 13	»
Somain.	»	6 40	12 »	»	2 18	7 50	10 55
Montigny	»	6 50	»	»	2 51	7 45	»
Douai. arr.	»	7 5	12 20	»	2 45	7 58	11 »
Douai. dép.	5 5	7 40	»	2 10	5 »	8 20	»
Leforest.	»	7 54	»	»	5 14	8 54	»
Carvin.	»	8 7	»	»	5 27	8 47	»
Seclin.	»	8 22	»	2 45	5 42	9 2	»
Lille. arr.	4 5	8 40	»	5 »	4 »	9 20	»

PARIS A LONDRES

PAR LILLE, GAND, OSTENDE, RAMSGATE OU DOUVRES.

TRAJET DIRECT PAR CHEMIN DE FER DE PARIS A OSTENDE.

Dép. de Paris pour Ostende : { 6 et 8 h. mat. Arrivée à 9 h. soir. { 8 h. soir. Arrivée à 10 h. matin.

Dép. d'Ostende pour Paris : { 6 45 mat. Arrivée à 10 h. 15 soir. { 4 50 et 6 h. s. Arr. à 6 h. 30 mat.

Pour les trains de 8 h. soir de Paris et celui de 6 h. d'Ostende, on ne doit prendre de billets que jusqu'à Mouscron, en passant sur le chemin de fer de la Flandre-Occidentale, qui abrége le trajet de 1 h. 1/2.

A **Ostende :** Paquebots à vapeur pour Ramsgate ou Douvres, tous les jours, et pour Londres directement, les mardis, mercredis, vendredis, dimanches, au soir.

PARIS. COLOGNE,

CORRESPONDANCE DIRECTE AVEC LE

Départs de Paris { 8 h. matin ; arr. à 6 h. 30 soir.
pr Bruxelles (Stat. du Midi). { 8 h. soir ; arr. à 7 h. 30 mat.
Départs de Cologne : 6 h. 15 matin pour Bruxelles

PARIS, ANVERS, ROTTERDAM,

Départs de Paris { 8 h. matin, par Bruxelles, arrivée à 9 25 soir.
pour Anvers. { 8 h. soir, id., arrivée à 10 h.

A **Anvers :** Dilig. pour Amsterdam, La Haye, Bréda et toute la

OMNIBUS SPÉCIAUX

Rue du Boulot, 22. — Porte St-Martin, imp. de la Planchette. —*Rue St-Denis,* 122, cour Batave. — *Rue du Bac,* 115. — *Rue et hôtel St-Paul,* 40.—*Rue Contrescarpe-Dauphine.*—*Cour des Messageries royales.*—*Rue St-Honoré,* 325, hôtel Vantini.—*Rue des Filles-St-Thomas,* 18, hôtel d'Angleterre.—*Rue de Rivoli,* hôtel
PRIX DES PLACES : 30 c. par place ; 50 c. par colis

Omnibus conduisant ou prenant à domicile.— 75 c. par place ; 50 c. par colis de 30 kilog. — Une famille peut retenir un omnibus pour elle seule en en faisant la demande quel-

ET L'ANGLETERRE.

PAR ABBEVILLE, BOULOGNE ET FOLKSTONE.

Dép. de Paris, 7 h., 9 h. mat., 2 h., 9 h. s. (Mess. royal. et gén.)
Ret. de Boulogne, 8 30 mat., 3 h. 30, 9 30 soir. (id. id.)
Prix de Paris à Boulogne : Coupé, 45 f. Intr, 37 f. Rotonde, 29 f.
A **Boulogne :** Paqueb. à vap. p. Folsktone et Douvres, en 2 h. —Trois dép. par jour.—Paqueb. p. Londres direct., en 8 h., les lundis, jeudis et samedis soir.—PRIX : 1res pl. 15 fr. ; 2es, 10 fr.

PAR ARRAS, CALAIS ET DOUVRES.

Dép. de Paris, 8 h. m. (Mess. roy. et gén.) ; Ret. de Calais, 1 h. s.
A **Calais :** Paqueb.-postes p. Douvres en 1 h. 1 2. — Deux dép. par jour.—Paqueb. directs sur Londres en 8 h., les mercredis et samedis soir.—1res places, 15 fr. ; 2es places, 10 fr.

BONN. DUSSELDORF.

CHEMIN DE FER DU NORD PAR BRUXELLES.

Dép. de Bruxell. (Stat. du Nord) { 6 h. 45 mat. ; arr. à 5 h. soir.
p. Cologne, Bonn et Dusseldorf. { 10 h. 15 mat. ; arr. à 8 h. 15 s.
et Paris ; — 9 h. 45 matin pour Bruxelles.

AMSTERDAM ET ARNHEIM.

Départs d'Anvers { 7 h. mat. par Gand ; arr. à Paris, 10 h. 15 s.
pour Paris. { 4 h. 15 s. par Brux. ; arr. à Paris, 6 30 mat.
Hollande.—Bat. à vap. pr Rotterdam, Tamise, Flessingue, Londres.

DANS PARIS.

Meurice. — *Rue Chauveau-Lagarde,* hôtel Victoria. — *Rue Fontaine-Molière,* 22, hôtel de Bristol. — *Rue du Four-St-Honoré,* hôtel de Mayenne.— *Rue de l'Arcade,* hôtel Bedort.—*Faubourg-Poissonnière,* passage et hôtel Violet. — (Les huit dernières stations ne desservent que les trains d'Amiens et au delà.)
de 15 kilogr. Au-dessus de 30 kilogr., 1 c. par kilog.
ques heures d'avance dans un des bureaux ou à l'embarcadère.—
Tous ces bureaux reçoivent et font prendre à domicile les bagages et les articles de messagerie destinés à la grande vitesse.

CHEMINS DE FER DE BELGIQUE
HEURES DE DÉPART.

HEURES DE DÉPART.	PRINCIPAUX POINTS D'ARRÊT.
De BRUXELLES (Nord)* à	
6 h. matin...	*Convoi mixte.* — Gand. — Coïncidence à Malines pour Anvers.
6 h. 45 id.....	Cologne, Bonn, Dusseldorf.
7 h. 15 id.....	Ostende. — Lille.
8 h. 45 id.....	Anvers.
10 h. 15 id.....	Cologne. — Coïncidence pour Gand.
10 h. 30 id.....	Anvers.
11 h. 30 id.....	Gand. — Lille. — Coïncidence pr Anvers.
1 h. 45 soir.....	Anvers.
2 h. 15 id.....	Aix-la-Chapelle.
4 h. id.....	Anvers.
4 h. 30 id.....	Ostende. — Lille.
4 h. 45 id.....	Liége.
7 h. id.....	Gand.
8 h. id.....	Anvers. — Tirlemont.
De BRUX. (Midi) à**	
7 h. 15 matin...	Namur.
8 h. 15 id.....	Paris, 1re *et* 2e *classe.*
12 h 30 soir.....	Namur. — Valenciennes.
4 h. 45 id.....	Namur. — Coïncidence pour Quiévrain. — *Convoi mixte.*
5 h. 30 id.....	Braine-le-Comte. — *Convoi mixte.*
6 h. 30 id.....	Braine-le-Comte. — Paris, 1re *et* 2e *classe.*
7 h. 30 id.....	Braine-le-Comte. — *Convoi mixte.*
De MALINES à	
6 h. 40 matin...	*Convoi mixte.* — Gand.
7 h. id.....	Bruxelles.
7 h. 05 id.....	Anvers.
7 h. 15 id.....	Cologne, Bonn, Dusseldorf.
7 h. 40 id.....	Bruxelles.
7 h. 45 id.....	Ostende. — Lille.
9 h. 15 id.....	Anvers.
10, 10 45, 11 40, 11 45.	Bruxelles.
10 h. 45 matin...	Gand (*conv. mixte*), *voyageurs.* — Cologne.

* Ligne de Cologne, Anvers, Ostende et Lille.

ET DES PROVINCES RHÉNANES.
Service du 21 Mai 1847.

HEURES DE DÉPART.	PRINCIPAUX POINTS D'ARRÊT.
De MALINES (suite) à	
11 h. id.....	Anvers.
12 h. id.....	Gand. — Lille.
12 h. 05 soir.....	Anvers. — *Convoi mixte.*
1 50 et 2 40 id..	Bruxelles.
2 h. 15 id.....	Anvers.
2 h. 45 id.....	Aix-la-Chapelle.
3 h. 45 id.....	Bruxelles.
4 h. 50 id.....	Anvers.
4 h. 55 id.....	Bruxelles.
5 h. id.....	Ostende. — Lille.
5 h. 15 id.....	Liége.
6 50, 7 30 et 8 s.	Bruxelles.
6 h. 50 id.....	*Convoi mixte.* — Anvers.
7 h. 50 id.....	Gand.
8 h. 50 id.....	*Convoi mixte.* — Tirlemont, Anvers.
De ANVERS à	
6 h. matin...	Bruxelles. — Gand. — Cologne.
7 h. id.....	Bruxelles. — Coïncid. pour Ostende. — Lille.
9 h. 45 id.....	*Convoi mixte.* — Gand. — Coïncidence pour Bruxell. — Cologne. — *Convois de voyag.*
11 h. id.....	Bruxelles. — Coïncidence pr Gand. — Lille.
2 h. soir.....	Bruxelles. — Coïncid. pr Aix-la-Chapelle.
4 h. 15 id.....	Bruxell. - Coïncid. pr Liége. - Ostende. - Lille.
6 h. 45 id.....	Bruxelles. — Coïncid. pr Tirlemont. — Gand.
D'OSTENDE à	
6 h. 45 matin...	Gand. — Lille, Paris. — Bruxelles. — Coïncidence pour Anvers. — Cologne.
10 h. 15 id.....	Gand. — Lille. — Bruxelles. — Coïncidence pour Anvers. — Liége, Aix-la-Chapelle.
3 h. soir.....	*Convoi mixte.* — Gand, Bruxelles. — Coïncidence pour Anvers. — Tirlemont.
4 h. 50 id.....	Gand. — Lille, Paris. — Bruxelles. — Coïncidence pour Anvers. — Tirlemont.

** Ligne de Namur à Paris.

BATEAUX A VAPEUR DU RHIN

ET CORRESPONDANCES.

Cologne, EMS, Wiesbaden, Francfort-sur-Mein, Baden-Baden, Strasbourg, Bâle.

Cologne	5 h. 15 mat. (C), 5 h. 45 mat. (D), 9 h. 45 mat. (C), 8 h. 15 mat. (D), 9 h. 30 soir (C).	BATEAUX
Bonn (les 7 Montagnes)	8 h. mat. (D), 7 h. 45 mat. (C), 11 h. 15 matin (B), 6 h. 30 mat. (C), 12 h. 30 mat. (C), 12 h. soir (C).	A
Coblentz, EMS	8 h. mat. (D), 12 h. 15 soir (D), 9 h. mat. (C), 12 h. mat. (C).	
Bingen, **Kreutznach**, Bieberich, **Wiesbaden**, **Mayence**, Francfort.		VAPEUR.

De Bieberich à **Wiesbaden**.	7 h. 45, 10 15 mat., 12 h. 45, 9 45 soir.	CHEMIN
Id. à **Francfort-s/M.**	6 h., 8 50, 11 h. mat., 2 h. 50, 8 h. soir.	
— Francfort à **Manheim** et Heidelberg	6 h. 10 mat., 5 h. 10 soir.—8 h. 48 soir jusqu'à DARMSTADT.	DE
— Manheim à **Baden-B.** et à **Strasbourg**	7 h. 10, 9 h. 25 mat., 12 h. 5, 5 h. 20 soir.—6 h. 25 soir jusqu'à KARLSRUHE.	FER.

De **Mayence** à Manheim	6 h. 45 matin (C), 6 h. matin (D), 8 h. m. (C), 10 h. m. (D), 2 h. 30 s. (C).	BATEAUX à Vapeur.
— Manheim à Strasbourg	10 h. soir (C).	

De Strasbourg à **BALE**	6 h., 9 h. 15, 11 h. 30 mat., 5 h. 15 soir.	CHEMIN
— Bâle à **Strasbourg**	6 h. 30, 7 h. 30, 11 h. 5 mat., 2 h. 30 s. — 6 h. jusqu'à COLMAR.	
— Strasbourg à **BADEN-B.** et à Heidelberg	6 h. 15, 9 h. 5 mat., 12 h. 15, 5 h. 20 s. — 6 h. 30 soir jusqu'à **Baden-B.**	DE
— Heidelberg à **Manheim**.	11 h. 5 mat., 2 h. 55, 5 h., 8 h. 15 soir.	
— Manheim à **Francfort**	6 h. 25 mat., 5 h. 25 soir.	FER.
— Francfort à **Mayence** et à **Wiesbaden**	6 h. 50, 9 h., 11 h. 30 mat., 3 h., 6 h. 30, 8 h. 30 soir.	

Strasbourg	10 h. 30 mat. (C).	BATEAUX
Manheim	6 h. 30 mat. (D), 6 mat. (C), 3 soir (D), 12 h. 30 soir (C), 6 h. 30 soir (C).	
Mayence	7 h. 45 mat. (D), 6 h. mat. (C), 10 h. 30 mat. (D), 8 15 mat. (C), 10 mat. (C).	A
Bieberich	8 h. mat. (D), 10 h. 45 mat. (D).	
Coblentz	10 h. 30 mat. (D), 10 h. mat. (C), 3 h. soir (D), 12 30 soir (C), 2 30 soir (C).	VAPEUR.
Cologne	7 h. 30 soir (D), 7 h. mat. (C).	

De Dusseldorf à Rotterdam 4 fois par semaine pour **LONDRES.**

(C) Compagnie de Cologne. — (D) Compagnie de Dusseldorf.

LIGNE D'AMIENS À BOULOGNE.

LIGNE D'AMIENS A BOULOGNE.

Service d'été.

20 Juin 1843.

SERVICE D'AMIENS A ABBEVILLE EN CORRESPONDANCE — DIRECTE AVEC LE CHEMIN DE FER DU NORD.

TRAINS PARTANT DE PARIS ET D'AMIENS.

Tr. de Paris à Abbeville	»	5	7	13	15	17	19	23
Tr. d'Amiens à Abbev.	A	»	B	C	»	D	»	E
Tr. de Paris et d'Abbev.	»	»	.	.	»	»	»	.

DISTANCES.	STATIONS.	Amiens à Abbeville.	Paris à Amiens, Lille, Valenciennes.	Paris à Bruxel. Lille, Abbeville.	Paris à Abbeville.	Paris à Amiens, Lille, Valenciennes.	Paris à Abbeville.	Paris à Amiens.	Paris à Abbeville. 1, 2 cl.

LIGNE DE PARIS A AMIENS.

kil.			matin	matin	matin	matin	soir.	soir.	soir.
»	**Paris.Dép.**	»	6 »	8 »	10 »	12 »	3 »	4 »	7 »
29	Pontoise....	»	6 50	»	10 50	12 50	3 50	4 50	7 45
69	Creil.......	»	8 10	9 55	12 10	2 10	5 10	6 16	8 55
83	Clermont...	»	8 40	9 57	12 40	2 40	5 40	6 47	9 20
112	Breteuil....	»	9 50	10 40	1 50	3 52	6 52	7 41	10 10
148	**Amiens.ar.**	»	10 30	11 25	2 30	4 30	7 30	8 40	11 »

LIGNE D'AMIENS A ABBEVILLE.

kil.		matin		matin	soir.		soir.		soir.
»	**Amiens. D.**	7 30	»	12 »	3 »	»	8 »	»	11 30
10	Ailly.......	7 47	»	12 17	3 17	»	8 17	»	»
15	Picquigny..	7 58	»	12 28	3 28	»	8 28	»	»
22	Hangest....	8 11	»	12 41	3 41	»	8 41	»	»
29	Longpré....	8 26	»	12 56	3 56	»	8 56	»	»
37	Pont-Remy.	8 42	»	1 12	4 12	»	9 12	»	»
41	**Abbevil.A.**	8 55	»	1 25	4 25	»	9 25	»	12 45

Places de 3e classe. — Il n'y en a pas dans les trains nos 7 et 23, partant de Paris à 8 h. du matin et 7 h. du soir. — Il y en a dans tous les trains d'Amiens à Abbeville, excepté dans les trains E et K.

Train E. — Le train E part d'Amiens sitôt après l'arrivée du train no 23, partant de Paris à 7 h. du soir. On ne délivre pas de billets à Amiens, par ce train, pour les stations entre Amiens et Abbeville.

TRAINS PARTANT D'ABBEVILLE ET D'AMIENS.

Tr. partant d'Abbeville	»	F	G	»	»	H	I	K
Tr. d'Amiens à Paris..	8	10	12	14	16	18	»	2
Tr. d'Abbeville et Paris	»	.	.	»	»	.	»	.

DISTANCES.	STATIONS.	Amiens à Paris.	Abbevil. à Amiens et Paris.	Abbevil. à Amiens et Paris.	Amiens à Paris. 1re et 2e classe.	Amiens à Paris.	Abbevil. à Amiens et Paris.	Abbevil. à Amiens.	Abbevil. à Amiens et Paris 1, 2 cl.

LIGNE D'ABBEVILLE A AMIENS.

kil.			matin	matin			soir.	soir.	soir.
44	**Abbevil.D.**	»	8 30	11 10	»	»	4 »	8 10	11 »
37	Pont-Remy.	»	8 47	11 27	»	»	4 17	8 27	»
28	Longpré....	»	9 3	11 43	»	»	4 33	8 43	»
21	Hangest....	»	9 17	11 57	»	»	4 47	8 57	»
14	Picquigny..	»	9 31	12 11	»	»	5 1	9 11	»
9	Ailly.......	»	9 41	»	»	»	»	»	»
»	**Amiens.ar.**	»	9 55	12 25	»	»	5 25	9 55	12 15

LIGNE D'AMIENS A PARIS.

kil.		matin	matin	soir.	soir.	soir.	soir.		matin
147	**Amiens. D.**	7 20	10 50	1 »	3 »	4 »	6 »	»	12 45
111	Breteuil....	8 22	11 25	2 1	3 50	5 1	6 54	»	1 50
82	Clermont...	9 11	12 14	2 51	4 52	5 51	7 58	»	2 55
67	Creil.......	9 45	12 45	3 50	4 55	6 30	8 10	»	3 5
28	Pontoise...	11 »	2 6	4 45	»	7 45	9 30	»	4 15
»	**Paris. Arr.**	11 50	2 55	5 30	6 30	8 30	10 15	»	5 »

Places de 3e classe. — Il y en a dans tous les trains partant d'Abbeville, excepté dans les trains E et K. — Par ces trains, on ne délivre des billets que de 1re et 2e classe.

Voitures de poste. — Les voitures de poste sont admises dans tous les trains d'Abbeville à Paris.

PRIX DES PLACES.

STATIONS.	AMIENS. Dist. (k.)	1re classe (f. c.)	2e classe (f. c.)	3e classe (f. c.)	AILLY. Dist. (k.)	1re classe (f. c.)	2e classe (f. c.)	3e classe (f. c.)	PICQUIGNY. Dist. (k.)	1re classe (f. c.)	2e classe (f. c.)	3e classe (f. c.)	HANGEST. Dist. (k.)	1re classe (f. c.)	2e classe (f. c.)	3e classe (f. c.)
Amiens	»	»	»	»	10	1 05	» 80	» 60	15	1 55	1 15	» 85	22	2 25	1 70	1 25
Ailly	10	1 05	» 80	» 60	»	»	»	»	6	» 60	» 45	» 35	12	1 25	» 95	» 70
Picquigny	15	1 55	1 15	» 85	6	» 60	» 45	» 35	»	»	»	»	8	» 85	» 60	» 45
Hangest	22	2 25	1 70	1 25	12	1 25	» 95	» 70	8	» 85	» 60	» 45	»	»	»	»
Longpré	29	3 »	2 25	1 65	19	1 95	1 50	1 10	14	1 45	1 10	» 80	7	» 70	» 55	» 40
Pont-Remy	37	3 80	2 90	2 15	27	2 80	2 10	1 55	23	2 40	1 80	1 55	15	1 55	1 15	» 85
Abbeville	45	4 65	3 50	2 60	35	3 60	2 70	2 »	30	3 10	2 35	1 73	27	2 40	1 80	1 35

STATIONS.	LONGPRÉ. Dist. (k.)	1re classe (f. c.)	2e classe (f. c.)	3e classe (f. c.)	PONT-REMY. Dist. (k.)	1re classe (f. c.)	2e classe (f. c.)	3e classe (f. c.)	ABBEVILLE. Dist. (k.)	1re classe (f. c.)	2e classe (f. c.)	3e classe (f. c.)
Amiens	29	3 »	2 25	1 65	37	3 80	2 90	2 15	45	4 65	3 50	2 60
Ailly	19	1 95	1 50	1 10	27	2 80	2 10	1 55	35	3 60	2 70	2 »
Picquigny	14	1 45	1 10	» 80	23	2 40	1 80	1 55	30	3 10	2 25	1 75
Hangest	7	» 70	» 55	» 40	15	1 55	1 15	» 85	25	2 40	1 80	1 35
Longpré	»	»	»	»	9	» 95	» 70	» 50	16	1 65	1 25	» 90
Pont-Remy	9	» 95	» 70	» 50	»	»	»	»	8	» 85	» 60	» 45
Abbeville	16	1 65	1 25	» 90	8	» 85	» 60	» 45	»	»	»	»

PRIX DES PLACES DE PARIS À ABBEVILLE, et vice versâ.

1re classe, 19 f. 15
2e id., 15
3e id., 11 15

BAGAGES.

Il est alloué en franchise de port à chaque voyag. 30 kilog. de bagages.

TARIFS DES PRIX DE TRANSPORT.

DESTINATIONS.	Train de grande vitesse.	PRIX DES PLACES. 1re classe (fr. c.)	2e classe (fr. c.)	3e classe (fr. c.)	Enfants	VOITURES 2 fonds et 2 banq. (fr. c.)	à 1 fond et 1 banq. (fr. c.)	Un cheval (fr. c.)	Un chien (fr. c.)
De Paris à Amiens	»	15 50	11 50	8 55	au-dess. de 3 ans place entière.	96 »	76 »	51 »	2 50
De Paris à Abbeville	»	19 15	15 »	11 15		124 80	98 50	39 50	3 50
D'Amiens à Abbeville	»	4 65	3 50	2 60		30 80	24 50	10 »	1 »
De Boulogne à Folkst. (paq.)	»	8 sh.	6 sh.	»	4 sh. au-dess. de12ans (1/2 pl.)	21.2s.	11.1s.	11.5s.	2s.6
De Folkstone à Londres	19 sh.	15s.6	11s.6	6s.10		46 sh.	51 sh.	51 sh.	3s.6

Nota.—Il est alloué en franchise de port, à chaque voyageur, 30 kilog. de bagages.—Deux personnes pourront, sans supplément de prix, voyager dans les voitures à une banquette, et 3 dans les voitures à 2 banquettes. Les voyageurs excédant ce nombre payeront le prix des places de 2e classe quand ils resteront dans leurs voitures.

RELAIS DE POSTE D'ABBEVILLE A BOULOGNE ET CALAIS.

Abbeville à Nouvion. — Nouvion à Bernay. — Bernay à Nampont. — Nampont à Montreuil-sur-Mer. — Montreuil-sur-Mer à Cormont. — Cormont à Samer. — Samer à Boulogne-sur-Mer. — Boulogne-sur-Mer à Marquise. — Marquise à Haut-Buisson. — Haut-Buisson à Calais.

ST-VALERY. — Depuis le 10 mai, il y a un service par eau d'Abbeville à St-Valery en correspondance avec le chemin de fer. — Le bateau à vapeur dit le Courrier part tous les jours d'Abbeville à 9 h. 30 mat., et de St-Valery à 5 h. soir. — En partant d'Amiens à 7 h. 30 mat., on pourra aller passer 5 à 6 h. à St-Valery et être de retour à Amiens à 9 h. 35 soir. — Prix : 1re chambre, 1 f. 25 c.; 2e chambre, 75 c. — On délivre des billets pour *aller et retour* dans la même journée aux prix réduits de 2 f. la 1re chamb., 1 f. la 2e chamb. S'adresser à l'ancien bureau du Courrier, à Abbeville, ou à MM. Corblet et Daire, Abbeville, rue de la Portelette, 1, Amiens, grande rue de Beauvais, 73.

Voitures de poste. On les admet dans tous les trains de Paris, excepté le train **B**, qui part à 8 h. du matin. Les voyageurs qui voudraient partir par ce train devront envoyer leurs voitures par le 1er train, qui part à 6 h. du matin.

Les voitures de poste sont admises dans tous les trains d'Amiens à Abbeville.

Voitures de poste de louage.—On trouve à louer des voitures de poste dans les principaux hôtels de Boulogne, de Calais et d'Abbeville. On en trouve également à louer à la station d'Abbeville, au prix maximum de 30 fr. S'adresser au Restaurant de la station.

Chevaux de poste.— Les chevaux de poste et postillons attendent ordinairement à la station d'Abbeville l'arrivée des convois pour conduire les voitures de poste, soit dans les hôtels, soit au premier relai. — Dans le premier cas, les frais de conduite sont de 2 fr. par cheval et 2 fr. par postillon. Dans le deuxième cas, on paye en sus de ces frais le même prix pour se faire conduire au relai. — On recommande d'écrire, pour les commandes de chevaux et voitures, au chef de la station d'Abbeville.

MESSAGERIES.

Les Compagnies des Messageries Royales et Générales desservent chaque jour la ligne de Paris et Abbeville à Boulogne par cinq services partant de Paris, et un d'Abbeville.

Un service nouveau de Stage-Coaches anglaises est établi à grande vitesse entre Abbeville et Boulogne.

HEURES DE DÉPART.

D'Abbeville à Boulogne, à 9 h. mat. et 5 h. soir à la station.

De **Paris**, 7 h. du matin, 2 h. et 6 h. du soir.
De **Calais** par **Boulogne**, 10 h. mat. et 4 h. s.
De **Boulogne**, 8 h. du mat., 3 h. et 10 h. du soir.

PRIX DES PLACES.

De **Paris** à **Boulogne** *et vice versâ* : Coupé, 45 f.; intérr, 37 f.; rotonde ou banq., 29 f. 14 c.
D'**Abbeville** à **Boulogne**, *et vice versâ* : Coupé, 25 fr. 05 c.; intérieur, 17 fr. 05 c.; rotonde ou banquette, 14 fr.

CORRESPONDANCES.

BRUXELLES. — Les trains d'Amiens à Bruxelles partent à 10 h. 50 m., 11 h. 40 m., 12 h. 40 m. du matin.

Trains de Bruxelles à Amiens, 8 h. 15 matin, 6 h. 30 soir.

Omnibus.—Les stations d'Amiens et d'Abbeville sont desservies par des omnibus spéciaux. Le prix des places est de 30 c. par voyageur dans le jour et 50 c. la nuit.

Chaque voyageur a droit à 15 kil. de bagages. Au-dessus de 15 kil. jusqu'à 30 kil., il est dû 30 c. Au-dessus de 30 kil., il est dû 01 c. par kil. d'excédant. Les bagages remis à la voiture sans être accompagnés du voyageur payent 30 c. de 0 à 30 kil., et 0 fr. 01 c. par kil. pour un poids excédant 30 kil.

Une voiture spéciale en corresp. avec le chemin de fer fait le service d'**Airaines** à Longpré. La voiture est en correspondance avec les convois partant d'Abbeville à 11 h. 40 du mat. et 8 h. 40 du soir, d'Amiens à midi et 8 h. du soir. Sur la demande des voyageurs, elle peut aussi correspondre avec d'autres trains de la journée. — S'adresser au Sr LEROY, dit GRICOURT, à Airaines. Le prix des places est de 50 c. par voyageur.

A **Abbeville** on trouve des voitures publiques pr **Dieppe, St-Valery, Blangy, Neufchâtel, Eu, Rouen**, aux hôtels de *la Tête de Bœuf* et du *Commerce*.— A **Gamache**, à *l'Ecu de Brabant*.— A **Fruges, Hesdin, St-Omer**, aux hôtels du *Commerce* et d'*Angleterre*.

SERVICE DES PAQUEBOTS AVEC L'ANGLETERRE, PENDANT LE MOIS D'AOUT 1847.

| DATE. | BOULOGNE à | | DATE. | BOULOGNE à | | DATE. | BOULOGNE à | | DATE. | BOULOGNE à | |
	DOUVRES.	FOLKSTONE		DOUVRES.	FOLKSTONE		DOUVRES.	FOLKSTONE		DOUVRES.	FOLKSTONE
2	12 15 s.	3 » m. 12 45 s.	10	7 40 m.	8 » m. 8 » s.	18	1 40 s.	3 30 m. 1 45 s.	25	7 49 m.	8 » m. 8 » s.
3	1 15 s.	3 » m. 1 30 s.	11	8 30 m.	8 30 m. 8 45 s.	19	2 30 s.	4 » m. 2 30 s.	26	8 » m.	8 » m. 8 30 s.
4	2 45 s.	5 » m. 2 » s.	12	9 20 m.	9 » m. 9 30 s.	20	3 30 s.	5 30 m. 3 30 s.	27	9 » m.	9 » m. 9 45 s.
5	3 45 s.	3 » m. 3 45 s.	13	10 15 m.	10 » m. 10 30 s.	21	7 30 m.	6 45 m. 5 » s.	28	9 20 m.	9 45 m. 10 » s.
6	7 » m.	6 » m. 4 15 s.	14	10 45 m.	10 45 m. 11 30 s.	23	9 30 m.	8 » m. 7 » s.	30	10 45 m.	10 30 m. 11 » s.
7	8 » m.	7 » m. 7 45 s.	16	11 10 m.	11 15 m. 11 30 s.	24	6 30 m.	8 » m. 7 » s.	31	11 45 m.	11 45 m. 11 30 s.
9	6 50 m.	7 » m. 7 15 s.	17	11 45 m.	midi. minuit.						

DÉPARTS DE DOUVRES ET FOLKSTONE POUR LONDRES.

	matin	matin	matin	matin	matin	matin	soir.	soir.	soir.	soir.	soir.
De **Douvres**........	1 h. »	6 h. 15	8 h. »	9 h. »	10h.15	11h.15	12h.15	1 h. »	3 h. 15	4 h. »	6 h. 15
De **Folkstone**......	1 15	6 28	8 10	9 15	10 27	11 27	12 27	1 45	3 27	1 10	6 29

Boulogne pour Londres, les samedis, lundis et jeudis soir. Prix : 1re, 15 fr. 50 ; 2e, 10 fr. 50.
Calais pour Londres, les samedis et mercredis soir. Prix : 1re, 15 fr. 50; 2e, 10 fr. 50.

On peut s'adresser pour les renseignements : A **Paris**, à l'Administ., r. Basse-du-Rempart, 48; à M. SPIERS, rue de la Paix, 9; à M. BENNET, rue de la Paix, 6. — A **Amiens**, à la Station du port Beauvais, 10. — A **Abbeville**, à la Station et aux Hôtels. — A **Boulogne**, à M. BARNARD, rue de l'Ecu, 22; à M. W. HUGHES, rue de l'Ecu, 55. — A **Folkstone**, à M. FALKNER.

No 3. — Tarif pour le transport des excédants de bagages de 0 à 50 kil., des articles de messageries et marchandises pesant de 10 à 50 kil.

Frais de chargement et de déchargement à payer en sus du prix de transport... 0 fr. 30 c.

Prix de transport par kilomètre.

1o Pour excédant de bagages de 0 à 30 kil., et pour articles et marchandises de plus de 10 kil. jusqu'à 30 kil.............. 0 f. 60 c. les 10 k.

2o Pour excédant de bagages, articl. et marchand. de 31 à 40 k. 0 f. 55 c. les 10 k.

3o Pour excédant de bagages, articl. et marchand. de 41 à 50 k. 0 f. 50 c. les 10 k.

Le minimum de taxe à percevoir sera de 0 fr. 50 c., quelle que soit la distance parcourue.

Le tarif ci-dessus s'appliquera aux huîtres et poissons frais, jusqu'à 50 kilogrammes.

La perception du prix de transport aura lieu par 10 kilogram. La dizaine commencée payera comme si elle était complète.

No 4. — Tarif pour le transport des excédants de bagages, articles de messageries et marchandises au-dessus de 50 kil. à la vitesse des voyageurs, sur la demande des expéditeurs.

Frais de chargement et de déchargement à payer en sus du prix de transport :

De 51 à 400 kilogr. par expédition.... 0 f. 60 c.
Au-dessus de 400 kilog. et par 10 kilog. 0 15
Prix de transport par kilomètre, les 10 kilog.................... 0 36
Huîtres et poissons frais (chargement partiel), par tonne et par kilomètre.... 0 50

Poisson frais. { 1o par chargement minimum de 2,000 kil. sur plate-forme par tonne et par kilomètre. 0 35
2o par chargement complet de wagon (4,000 kil. au maxim.) d'Amiens à Abbeville..... 60 00

La perception du prix de transport aura lieu par 10 kilogram. La dizaine commencée payera comme si elle était complète.

No 5. — Tarif pour le transport des finances et valeurs. (Frais de chargement et de déchargement compris.)

Le transport de l'or et de l'argent, soit en lingots, soit monnayé ou travaillé, du plaqué d'or ou d'argent, du mercure, du platine, ainsi que des bijoux, pierres précieuses et autres valeurs, sera effectué aux prix ci-après, quelle que soit la distance parcourue :

Pr les sommes de 200 f. et au-dessous. 0 f. 30 c.
Pour les sommes de 201 à 10,000 fr., par 1,000 fr....................... 0 50
Pour les sommes de 10,001 fr. et au-dessus, par 1,000 fr. 0 40
Les prix sont établis en arrondissant par 1,000 fr. — 201 fr. payent comme 1,000 fr.

No 6. — Tarif du transport des Voitures, Chevaux, Chiens et autres animaux, à la vitesse des Voyageurs.

1o Voitures.

Voitures à 2 ou 4 roues, à un fond et à une banquette dans l'intérieur, d'Amiens à Abbeville, et vice versâ................ 22 f. 50 c.

Voitur. à 4 roues et 2 fonds, à 2 banquettes dans l'intérieur, d'Amiens à Abbeville, et vice versâ.............. 28 80

Les frais de chargem. et de déchargem. seront payés en outre à raison de 2 fr. par voiture.

Nota. — Deux personnes peuvent, sans supplément de prix, voyager dans les voit. à une banq. et 3 dans les voit. à 2 banquettes. Les voyageurs excédant ces nombres payent le prix des places de 2e classe, quand ils restent dans leur voiture.

2o Chevaux, bœufs, vaches, taureaux, mulets, bêtes de trait.

Frais de charg. et de décharg. à payer en sus du prix de transport, par tête..... 1 f. 00 c.
Prix de transport par kilomètre, par tête.................... 0 20
Id. par 2 têtes au même propriét. 0 18 l'une
Id. par 3 têtes   idem....... 0 15 id.
Les personnes qui, accompagnant les chevaux, prendraient place dans les wagons-écuries, payeraient le prix des places de 3e classe.

3o Chiens.

Il sera perçu pour le transport d'un chien, par parcours indivisible de 30 kilom........ 0 f. 50 c.

4o Animaux divers, veaux, porcs, moutons, brebis, agneaux, chèvres.

Frais de charg. et de décharg. à payer en sus du prix de transport, par tête......... 0 f. 25 c.
Prix de transp. par tête et par kilom.:
Veaux et porcs.................... 0 08
Moutons, brebis, agneaux et chèvres. 0 04

No 7. — Frais accessoires autres que les frais de chargement et de déchargem. fixés dans les tarifs précedents.

1o Enregistrement.

La Compagnie est autorisée à percevoir 10 c. d'enregistrement pour toute expédition.

Tout envoi de marchandises fait au même destinataire ne donne lieu qu'à un enregistrement, à la condition que les marchandises soient de même nature.

2o Magasinage.

La Compagnie est autorisée à percevoir, à titre de frais de magasinage, un droit de 20 c. par fraction indivisible de 100 kilog. pour tous colis ou bagages adressés au bureau restant, ou non enlevés au bout de 24 heures.

Lorsque l'article ne sera pas enlevé dans les 24 heures, la Comp. percevra un droit supplém. de 05 c. par 100 kil. et par jour, le jour commencé comptant comme s'il était entièrement écoulé.

Tout article d'un poids inférieur à 100 kilogr. est soumis aux mêmes droits.

LIGNE DE VERSAILLES.

SERVICE D'ÉTÉ.

Départs de Paris.

Heures.							
7. 1 2.	Courbevoie..	St-Cloud..	Sèvres.....	Asnières..		Suresnes.	Viroflay..
8. 1 2.	Courbevoie..	St-Cloud..	Sèvres.....		Puteaux..		
9. 1 2.	Courbevoie..	St-Cloud..	Sèvres.....			Suresnes.	
10. 1 2.	Courbevoie.	St-Cloud..	Sèvres.....				Viroflay..
11. 1 2.	Courbevoie..	St-Cloud..	Sèvres.....			Suresnes.	
12. 1 2.	Courbevoie..	St-Cloud..	Sèvres.....				
1. 1 2.	Courbevoie..	St-Cloud..	Sèvres.....			Suresnes.	
2. 1 2.	Courbevoie..	St-Cloud..	Sèvres.....		Puteaux..		
3. 1/2.	Courbevoie..	St-Cloud..	Sèvres.....				
4. 1 2.	Courbevoie..	St-Cloud..	Sèvres.....		Puteaux..		Viroflay..
5. 1 2.	Courbevoie..	St-Cloud..	Sèvres.....			Suresnes.	
6. 1 2.	Courbevoie..	St-Cloud..	Sèvres.....				Viroflay..
7. 1 2.	Courbevoie..	St-Cloud..	Sèvres.....	Asnières..			
8. 1 2.	Courbevoie..	St-Cloud..	Sèvres.....			Suresnes.	
9. 1 2.	Courbevoie..	St-Cloud..	Sèvres.....		Puteaux..		
1. . 1 2.	Courbevoie..	St-Cloud..	Sèvres.....			Suresnes.	

Départs de Versailles.

Heures.							
7. 5.	Sèvres.....	St-Cloud..	Courbevoie..	Viroflay..	Suresnes.		Asnières..
8. 5.	Sèvres.....	St-Cloud..	Courbevoie..			Puteaux..	
9. 5.	Sèvres.....	St-Cloud..	Courbevoie..		Suresnes.		
10. 5.	Sèvres.....	St-Cloud..	Courbevoie..	Viroflay..			
11. 5.	Sèvres.....	St-Cloud..	Courbevoie..		Suresnes.		
12. 5.	Sèvres.....	St-Cloud..	Courbevoie..			Puteaux..	
1. 5.	Sèvres.....	St-Cloud..	Courbevoie..		Suresnes.		Asnières..
2. 5.	Sèvres.....	St-Cloud..	Courbevoie..			Puteaux..	
3. 5.	Sèvres.....	St-Cloud..	Courbevoie..		Suresnes.		
4. 5.	Sèvres.....	St-Cloud..	Courbevoie..			Puteaux..	
5. 5.	Sèvres.....	St-Cloud..	Courbevoie..		Suresnes.		
6. 5.	Sèvres.....	St-Cloud..	Courbevoie..	Viroflay..			
7. 5.	Sèvres.....	St-Cloud..	Courbevoie..				Asnières..
8. 5.	Sèvres.....	St-Cloud..	Courbevoie..		Suresnes.		
9. 5.	Sèvres.....	St-Cloud..	Courbevoie..			Puteaux..	
10. 5.	Sèvres.....	St-Cloud..	Courbevoie..	Viroflay..	Suresnes.		

PRIX DES PLACES.

	LA SEMAINE.			LES DIMANCHES ET FÊTES.		
	Wagons	Dilig.	Coupé	Wagons	Dilig.	Coupé
De Paris à Versailles *et vice versâ*	1 25	1 50	2 »	1 50	2 »	2 50
Places retenues d'avance	» »	2 »	2 50	» »	2 50	3 »
Id. id. les jours des grandes eaux	» »	» »	» »	» »	3 »	3 50
Paris à — Courbevoie	» 45	» 6	» »	» 55	» 75	» »
Puteaux	» 55	» 75	» »	» 65	» 90	» »
Suresnes	» 60	» 80	» »	» 80	1 10	» »
Saint-Cloud	» 60	» 80	» »	1 »	1 25	» »
Sèvres (*Ville-d'Avray*)	» 85	1 10	» »	1 10	1 50	» »
Viroflay	1 »	1 25	» »	1 25	1 50	» »
Asnières	1 »	1 25	» »	1 25	1 50	» »
Versailles à — Courbevoie	» 90	1 25	» »	1 »	1 50	» »
Puteaux et Suresnes	» 70	1 »	» »	» 80	1 10	» »
Saint-Cloud	» 50	» 70	» »	» 65	» 80	» »
Sèvres	» 40	» 60	» »	» 45	» 65	» »
De Saint-Cloud à Courbevoie	» 45	» 70	» »	» 55	» 75	» »
Grandes distances intermédiaires	» 55	» 80	» »	» 65	» 9	» »
Petites distances intermédiaires	» 35	» 55	» »	» 40	» 55	» »

LIGNE DE SAINT-GERMAIN.

CHEMIN DE FER ATMOSPHÉRIQUE.

SERVICE D'ÉTÉ.

DÉPARTS DE PARIS.	DÉPARTS DE SAINT-GERMAIN.
heures.	heures.
7 35	7 »
8 35	8 »
9 35	9 »
10 35	10 »
11 35	11 » Tous les Convois desservent
12 35 Tous les Convois desservent	12 » *le Vésinet* (station provisoire),
1 35 **ASNIÈRES. — COLOMBES.**	1 »
2 35 — *Argenteuil*, — **NANTERRE**,	2 » — **CHATOU. — RUEIL**,
3 35 — **RUEIL**, — *Bougival*, —	3 »
4 35 **CHATOU.** — *le Vésinet* (stat.	4 » *Bougival*, — **NANTERRE**. —
5 35 provis.), — **SAINT-GERMAIN.**	5 » **COLOMBES.** — *Argenteuil*,
6 35	6 » — **ASNIÈRES**. — **PARIS**.
7 35	7 »
8 35	8 »
9 35	9 »
10 35	10 »

Voitures de **Poissy à Saint-Germain** et retour à tous les convois.
Prix : 15 centimes.

	LA SEMAINE.			LES DIMANCHES ET FÊTES.		
PRIX DES PLACES.	Wagons	Dilig.	Coupé.	Wagons	Dilig.	Coupé.
PARIS à SAINT-GERMAIN *et vice versá*	1 40	1 65	2 »	1 65	2 »	2 25
Places retenues d'avance	» »	2 »	2 50	» »	2 25	2 50
PARIS A — CHATOU	» 85	1 »	» »	1 15	1 40	» »
PARIS A — RUEIL	» 75	1 »	» »	1 »	1 25	» »
PARIS A — NANTERRE	» 65	» 85	» »	» 90	1 10	» »
PARIS A — COLOMBES	» 50	» 60	» »	» 60	» 90	» »
PARIS A — ASNIÈRES	» 40	» 60	» »	» 50	» 75	» »
St-GERMAIN A — ASNIÈRES	1 20	1 25	» »	1 25	1 65	» »
St-GERMAIN A — COLOMBES	1 »	1 10	» »	1 10	1 25	» »
ASNIÈRES à RUEIL ou CHATOU	» 60	» 70	» »	» 70	» 90	» »
Grandes distances intermediaires	» 55	» »	» »	» 55	» 80	» »
Petites distances intermédiaires	» 45	» »	» »	» 45	» 70	» »
De la station provisoire du VÉSINET à — PARIS	1 40	1 45	» »	1 45	1 95	» »
De la station provisoire du VÉSINET à — CHATOU et RUEIL	» 40	» »	» »	» 40	» 70	» »
De la station provisoire du VÉSINET à — NANTERRE	» 50	» »	» »	» 50	» 75	» »
De la station provisoire du VÉSINET à — COLOMBES	» 90	» »	» »	» 90	1 »	» »
De la station provisoire du VÉSINET à — ASNIÈRES	1 05	» »	» »	1 05	1 40	» »

BILLETS DE PROMENADE A PRIX RÉDUITS
POUR SAINT-GERMAIN ET VERSAILLES.

LIGNE DE VERSAILLES. — De PARIS : à VERSAILLES (aller et retour), wag., 1 fr. 75 c.; dilig., 2 fr.; — à COURBEVOIE, PUTEAUX, SURESNES et SAINT-CLOUD (dito), wag., 75 c.; dilig., 1 fr. — à SÈVRES et VILLE-D'AVRAY (dito), wag., 1 fr.; dilig., 1 fr. 40 c.

LIGNE DE SAINT-GERMAIN. — De PARIS à St-GERMAIN (aller et retour), wag., 1 fr. 75 c.; dilig., 2 fr.; — à RUEIL et CHATOU (dito), wag., 1 fr.; dilig., 1 fr. 40 c.; — à COLOMBES et NANTERRE (dito), wag., 75 c.; dilig., 1 fr.; — à ASNIÈRES (dito), wag., 60 c.; dilig., 80 c.

Les billets de promenade sont délivrés à la gare de PARIS, de 3 h. 30 m. du soir à 7 h. 35 m.
Ce nouveau service est organisé pour les jours de la semaine seulement.

VOITURES EN CORRESPONDANCE AVEC LA LIGNE DE VERSAILLES.

STATIONS d'où partent les voitures.	LOCALITÉS desservies par des Voitures en correspondance.	HEURES des départs de Paris.	RETOURS POUR PARIS.
Sèvres….	Ville-d'Avray	Toutes les h., de 7 30 m. à 9 h. 30 s.	Toutes les h., de 7 h. 5 m. à 10 h. 5 s.
	Marnes	Toutes les h., à l'excep-tion de 12 30.	Toutes les h., de 7 h. m. à 10 h. s.
Versailles.	Rambouillet	8 30, 12 30, 3 30.	6 45, 8 45, 5 45.
	Chevreuse	8 30, 3 30.	7 30, 4 15.
	Neauphle-le-Chateau	3 30.	8 m., 5 s.
	Montfort-l'Amaury	3 30.	7 h. m.
	Dreux	7 30.	9 30 m.
	Houdan	7 30, 3 50.	6 h. m., 11 h. s.
	Verneuil	7 30.	5 h. m.
	Saint-Cyr. La Semaine	7 50, 9 30, 11 50, 2 30, 3 50, 5 50, 9 50.	7, 9 15, 10 45, 12 15, 2 h., 4 h., 6 15, 8 h.
	Le Dimanche	8 50, 10 50, 11 50, 2 50, 3 50, 6 50, 9 50.	6 50, 10 45, 2 h., 3 h., 6 h., 8 h., 9 15.

PRIX DES PLACES DANS LES VOITURES DE LA CORRESPONDANCE.

BUREAUX.		SEMAINE.		DIMANCHE.	
		Intér.	Coupé.	Intér.	Coupé.
Ville-d'Avray	Place de l'Église	» 20	» »	» 20	» »
Marnes	Id. Id.	» 30	» »	» 30	» »
Rambouillet	Hôtel du Lion-d'Or	2 75	3 25	2 75	3 25
Chevreuse	Hôtel de la Croix-de-Fer	1 40	1 85	1 40	1 85
Neauphle-le-Chateau		1 25	1 50	1 25	1 50
Montfort-l'Amaury		2 »	2 50	2 »	2 50
Dreux		6 »	7 »	6 »	7 »
Houdan		3 50	4 »	3 50	4 »
Verneuil		1 »	» »	2 »	» »
Saint-Cyr	M. Mourier, café de l'École	» 30	» »	» 30	» »

TARIF DE LA MESSAGERIE DANS VERSAILLES ET SAINT-GERMAIN.

Par EXPÉDITION de	TRANSPORT sur le chem. de fer (bur. rest.)	FACTAGE DANS Paris pour la rem. à domicile.	FACTAGE DANS Versailles, St-Germain et stations.
» à 5 kil.	» f. 25 c.	f. c.	f. c.
5 à 10	» 35		
10 à 15	» 45		
15 à 20	» 55		
20 à 25	» 65	» 25	» 20
25 à 30	» 75		
30 à 35	» 85		
35 à 40	» 95		
40 à 45	1 05		

Par EXPÉDITION de	TRANSPORT sur le chem. de fer (bur. rest.)	FACTAGE DANS Paris pour la rem. à domicile.	FACTAGE DANS St-Germain, Versailles et stations.
45 à 50 kil.	1 f. 15 c.	» f. 25 c.	« f. 20 c.
50 à 60	1 25		
60 à 70	1 30	» 30	» 25
70 à 80	1 35	» 35	» 30
80 à 90	1 40	» 40	» 35
90 à 100	1 45	» 45	» 40
1,000 kil.	4 85	1 90	1 25
P. fract. de 100 jusqu. 3,000 k.	» 35	» 10	» 05

VOITURES EN CORRESPONDANCE AVEC LA LIGNE DE SAINT-GERMAIN.

STATIONS d'où partent les voitures.	LOCALITÉS desservies par les Voitures en correspondance.	HEURES des départs de Paris.	RETOURS POUR PARIS.
RUEIL	BOUGIVAL	Toutes les h., de 7 55 à 9 55 s.	Toutes les h., de 6 55 à 8 55 s.
RUEIL	RUEIL	Toutes les h., de 7 55 à 9 55 s.	Toutes les h., de 6 55 à 9 h. 55 s.
COLOMBES	ARGENTEUIL	Toutes les h., de 7 55 à 9 55 s.	Toutes les h., de 7 h. 5 à 9 h. 5 s.

Départs suppl. le dimanche: d'Argenteuil, 10 h. s.; de Paris, 10 h. 55.

ST-GERMAIN	POISSY	Toutes les h. de 7 55 à 8 55.	Toutes les h., de 7 25 à 8 25.
	MANTES	12 55.	8 h. matin.
	MARLY-LE-ROI	7 55, 9 55, 12 55, 4 55, 8 55.	7 30, 9 30, 12 30, 5 30, 9 30.
	EPÔNES	10 55, 6 55.	6 m., 4 s.
	FLINS	id.	6 30 m., 4 30 s.
	ECQUEVILLY	id.	7 15 m., 5 15 s.
	CHAMBOURG	id.	7 30 m., 6 30 s.

PRIX DES PLACES DANS LES VOITURES DE CORRESPONDANCE.

BUREAUX.	PRIX de la correspond. SEMAINE.		PRIX TOTAL DU CHEMIN DE FER et de la correspondance.				
			SEMAINE.			FÊTES.	
	Intér.	Coupé.	Wagons et Intér.	Dilig. et Intér.	Dilig. et Coupé.	Wagons et Inter.	Dilig. et Intér.
RUEIL { M. Merkiel, pl. de l'Église. / M. Maillet, grande route..	» 15	» 50	» 90	1 15	1 30	1 15	1 40
BOUGIVAL M. Thouveuy, grande route.	» 30	» 40	1 05	1 30	1 40	1 30	1 55

AVIS. — *Transport gratis la semaine, de Rueil à la station de Rueil.*

AVIS. — *Sur les prix des correspondances de Colombes, il est fait, la semaine, aux porteurs de billets de wagons, une réduction de 05 c. (Voir, ci-dessous, la 3ᵉ colonne des Wagons.)*

BUREAUX.	Intér.	Coupé.	Wagons et Intér.	Dilig. et Intér.	Dilig. et Coupé.	Wagons et Inter.	Dilig. et Intér.
ARGENTEUIL M. Joly, rue du Port	» 50	» 40	» 75	» 90	1 »	» 95	1 25
POISSY M. Fouquet, pl. du Marché.	» 15	»	1 55	1 80	»	1 80	2 15
MANTES M. Apoil, r. Bourgeoise, 39.	1 10	»	2 50	2 75	»	2 75	3 10
MARLY-LE-ROI	» 50	»	1 90	2 15	»	2 15	2 50
EPÔNES M. Surgis	1 »	»	2 40	2 65	»	2 65	3 »
FLINS M. Béguin, aubergiste	1 »	»	2 40	2 65	»	2 65	3 »
ECQUEVILLY M. Puthomme, au Cheval gr.	1 »	»	2 40	2 65	»	2 65	3 »
CHAMBOURG M. Edouard, Md. de vins..	» 50	»	1 90	2 15	»	2 15	2 50

OMNIBUS SPÉCIAUX.

25 cent. la semaine. — 30 cent. le dimanche.

STATIONS DANS PARIS.

Carrousel. au coin de la rue de Chartres. — Deux départs par heure (aux 10 minutes et aux 50 minut.), de 7 h. 10 matin à 10 h. 10 soir; de 7 h. 50 matin à 9 h. 50 soir.

La Halle. cour Batave, rue Saint-Denis, 122. — Départs toutes les heures, de 9 heures du matin à 10 heures du soir.

Bourse. cour des Messageries royales, rue Montmartre, 109. — Départs toutes les heures, de 7 h. 10 du matin à 9 h. 10 du soir.

Boulevard Saint-Denis. 18, cité d'Orléans. — Départs toutes les heures, de 7 h. 5 du matin à 10 h. 05 du soir.

ITINÉRAIRE DES OMNIBUS

N PARTANT DE LA GARE DE PARIS.

Carrousel. par les rues Tronchet, Duphot, Saint-Honoré, *Place du Palais-Royal* et rue de Chartres.

Pont-Neuf. par les rues de la Ferme, de Sèze, Neuve-des-Capucines, Neuve-des-Petits-Champs, BANQUE DE FRANCE, rues Croix-des-Petits-Champs, Saint-Honoré, de l'Abre-Sec, Pont-Neuf, Palais-de-Justice.

Bourse. par les rues de la Ferme, de Sèze, Neuve-Saint-Augustin, carrefour Gaillon, rue des Filles-Saint-Thomas, LA BOURSE et les Messageries royales.

La Halle. par les rues de la Chaussée-d'Antin, de Provence, Taitbout, la place des Italiens, rue Richelieu, rue et place de la Bourse, rues Joquelet, Montmartre, Mandar, Montorgueil, Mauconseil et Saint-Denis (cour Batave, 122).

Cité d'Orléans. par les rues de la Ferme, de Sèze, les Boulevards, la Porte Saint-Denis.

A SAINT-GERMAIN,

GARE DU CHATEAU.

Pour l'intérieur de Saint-Germain........ 10 centimes.
Pour Poissy............................... 15　id.

A VERSAILLES.

STATION, RUE DE L'ORANGERIE, 57.

Gratis la semaine, de l'intérieur de Versailles à l'embarcadère. — 25 centimes au retour de l'embarcadère. — Le dimanche, 25 centimes, aller et retour.

EXTRAIT

Des ordonnances de police et prescriptions diverses relatives au service et à la sûreté des Voyageurs.

La distribution des billets cesse cinq minutes avant l'heure du départ. — Les billets ne peuvent servir que pour le jour et l'heure indiqués. — Ils doivent être présentés pour le contrôle à l'entrée des salles d'attente; et *conservés pour être remis à la station d'arrivée.*

Les billets seront, pendant le trajet, représentés à toute réquisition des employés de la Compagnie. — *Il est fait, en route, un contrôle des billets de diligences.*

Les voyageurs qui ne peuvent représenter leurs billets payent le prix de leur place calculé sur la distance la plus éloignée, à moins que le point de départ ne soit constaté par le bulletin de bagages. — Dans le cas d'occupation d'une place de diligence avec un billet de wagon, le voyageur devra payer la différence du prix, calculé également sur la plus grande distance.

Un billet non timbré ou portant le timbre d'une autre heure, est considéré comme nul. — Les billets une fois pris, on n'en rendra pas la valeur.

Les voyageurs ne peuvent entrer dans les voitures que munis d'un billet. Ils ne peuvent se placer dans une voiture d'une autre classe que celle qui est désignée par le billet.

Il est défendu de passer d'une voiture dans une autre, et de se pencher en dehors. Il n'est permis d'entrer dans les voitures, ni d'en sortir, autrement que par la portière qui fait face au côté extérieur du chemin de fer.

Les voyageurs ne doivent sortir des voitures qu'aux stations, et lorsque le train est parfaitement arrêté.

Les dames, sur leur demande, peuvent être placées dans un compartiment spécialement réservé pour elles.

Il est défendu de fumer dans les voitures, dans les gares et salles d'attente.

L'ENTRÉE DES VOITURES EST INTERDITE: 1° A toute personne en état d'ivresse ou vêtue de manière à salir ses voisins; 2° à tous les individus porteurs de fusils chargés ou de paquets qui, par leur volume ou leur odeur, peuvent gêner ou incommoder les voyageurs. — Tout porteur d'un fusil doit, avant son admission sur les quais d'embarquement, justifier que son fusil n'est pas chargé.

Aucun chien n'est admis dans les voitures à voyageurs; musclés, ils sont placés dans des caisses spéciales.

LIGNES
DE PARIS A ORLÉANS ET D'ORLÉANS A BOURGES.

Embarcadère, boulevard de l'Hôpital, à Paris.

Organisation du Service d'Été. — 10 août 1847.

TRAINS PARTANT DE PARIS.

HEURES DE DÉPART DES STATIONS.

Dist. de Paris.	INDICATION DES STATIONS. — LIGNE D'ORLÉANS.	Omnibus. (mat.)	Messagerie (mat.)	Étampes. dim. fêtes. (mat.)	Marchand. (mat.)	Omnibus. (mat.)	Direct. (soir.)	Marchand. (soir.)	Étampes. Mixte. (soir.)	Omnibus. (soir.)	Messagerie (soir.)	Malle-Post. (soir.)	Marchand. (soir.)	Mixte. (soir.)
»	**Paris**	7 30	9 »	9 30	9 45	11 30	12 30	12 45	2 15	5 15	6 55	7 25	10 »	11 15
16	Choisy	7 45	»	9 45	»	11 45	12 45	»	»	5 30	»	»	»	»
19	Juvisy	8 »	9 25	10 »	10 20	12 »	1 »	1 26	3 6	5 45	7 26	7 50	»	»
22	Savigny	8 8	»	10 8	»	12 8	»	»	3 16	5 53	»	»	»	»
24	Épinay	8 14	»	10 14	10 35	12 14	»	1 40	3 24	5 56	»	»	»	»
28	Saint-Michel	8 27	9 44	10 27	11 »	12 27	1 19	2 5	3 46	6 12	7 39	8 9	11 25	12 55
31	Bretigny	8 34	»	10 34	»	12 34	»	»	3 55	6 19	»	»	»	»
37	Marolles	8 44	»	10 44	11 22	12 44	1 32	2 26	4 10	6 29	»	»	»	»
40	Bouray	8 52	»	10 52	»	12 52	1 40	2 36	4 30	6 37	»	»	»	»
43	Lardy	9 »	»	11 »	»	1 »	»	2 46	4 44	6 45	»	»	»	»
49	Etrechy	9 11	»	11 11	»	1 11	»	3 »	4 55	6 56	»	»	»	»
56	**Étampes** ..... Arr.	9 23	10 18	11 26	12 »	1 26	2 2	3 17	5 15	7 8	8 13	8 43	12 25	1 55
56	**Étampes** ..... Dép.	9 33	10 28	—	12 36	1 33	2 12	3 37	—	7 18	8 23	8 53	1 5	2 35
66	Aiguilles-de-Guill.	9 50	10 43	»	12 53	1 56	2 29	4 »	»	7 35	8 38	9 8	1 33	3 3
70	Monnerville	9 58	»	»	»	1 58	»	4 15	»	7 43	»	»	»	»
75	Angerville	10 7	»	»	»	2 7	2 43	4 26	»	7 52	»	»	»	»
88	Toury	10 31	11 15	»	1 50	2 31	3 6	5 26	»	8 16	9 10	9 40	2 45	4 15
102	Artenay	10 51	»	»	»	2 51	3 26	5 55	»	8 36	»	»	»	»
108	Chevilly	11 2	»	»	»	3 2	»	6 9	»	8 47	»	»	»	»
121	Pt-de-la-Bourrie [C.]	11 25	11 55	»	2 55	3 25	3 53	6 44	»	9 40	9 50	10 20	3 55	5 25
122	**Orléans** ..... Arr.	11 30	midi.	»	3 »	3 36	4 »	6 45	»	9 45	9 55	10 25	4 »	5 30

Dist. d'Orl.	LIGNE DE BOURGES.	Omnibus.	Omnibus. (soir.)	Messag. et Malle-Post. (soir.)	Marchand. (mat.)	Mixte. (mat.)
»	**Orléans** ..... Dép.	12 25	4 25	10 40	6 »	6 30
24	La Ferte-St-Aubin	1 16	5 16	»	»	7 37
39	Lamotte-Beuvron	1 44	5 44	11 55	7 49	8 25
46	Nouan-le-Fuselier	1 56	5 56	»	»	8 42
58	Salbris	2 15	6 15	12 21	8 30	9 25
70	Theillay	2 34	6 34	»	»	9 53
81	**Vierzon** ..... Arr.	2 50	6 50	12 50	9 45	10 15
81	**Vierzon** ..... Dép.	3 »	7 »	1 »	9 45	10 40
91	Foëcy	3 17	7 17	»	»	11 4
96	Mehun	3 27	7 27	»	»	11 20
103	Marmagne	3 40	7 40	»	»	11 38
112	**Bourges** ..... Arr.	3 55	7 55	4 40	10 50	12 »

TRAINS SE DIRIGEANT VERS PARIS.

Dist. de Bourges.	INDICATION DES STATIONS. — LIGNE DE BOURGES. —	HEURES DE DÉPART DES STATIONS.		Messagerie		Mixte.		Omnibus.					Omnibus.	Marchand.
k.				mat.		mat.							soir.	soir.
»	**Bourges**.....Dép.	»	»	6 »	»	6 15	»	1 50	»	»	»	»	8 20	5 15
9	Marmagne	»	»	»	»	6 37	»	2 5	»	»	»	»	8 35	»
17	Mehun	»	»	»	»	6 58	»	2 18	»	»	»	»	8 48	5 53
22	Foëcy	»	»	»	»	7 13	»	2 28	»	»	»	»	8 58	»
32	**Vierzon**.....Arr.	»	»	6 40	»	7 35	»	2 44	»	»	»	»	9 14	6 45
32	**Vierzon**.....Dép.	»	»	6 50	»	7 56	»	2 54	»	»	»	»	9 24	7 15
42	Theillay	»	»	»	»	8 15	»	3 13	»	»	»	»	9 41	»
53	Salbris	»	»	7 20	»	8 50	»	3 35	»	»	»	»	10 »	8 5
67	Nouan-le-Fuselier	»	»	»	»	9 19	»	3 56	»	»	»	»	10 19	»
73	Lamotte-Beuvron	»	»	7 48	»	9 45	»	4 13	»	»	»	»	10 35	9 7
80	La Ferté-St-Aubin.	»	»	»	»	10 20	»	4 28	»	»	»	»	10 58	»
	(Contrôle).	»	»	8 55	»	11 25	»	5 25	»	»	»	»	11 45	10 40
112	**Orléans**.....Arr.	»	»	9 »	»	11 30	»	5 36	»	»	»	»	11 56	10 45

Dist. d'Orl.	LIGNE D'ORLÉANS. —	Étampes. Mixte.	Omnibus.	Messagerie	Omnibus.	Marchand.	Messagerie	Messagerie	Omnibus.	Marchand.	Étampes. dim. fêtes.	Marchand.	Malle-Post.	Marchand.
k.		mat.	mat.	mat.		soir.	soir.	mat.	soir.	soir.	soir.	soir.	soir.	soir.
»	**Orléans**.....Dép.	»	7 »	9 25	midi	12 36	5 20	5 50	6 »	6 25	»	8 30	12 10	12 30
4	Pont-de-la-Bourie	»	»	»	»	»	»	»	»	»	»	»	»	»
14	Chevilly	»	7 21	»	12 21	1 2	»	6 25	»	6 53	»	»	»	»
20	Artenay	»	7 32	»	12 32	1 17	»	»	6 36	7 7	»	»	»	»
34	Toury	»	7 57	10 11	12 57	2 20	6 6	6 36	6 59	8 52	»	9 55	1 5	1 55
47	Angerville	»	8 17	»	1 17	3 5	»	»	7 17	8 25	»	»	»	»
52	Monnerville	»	8 26	»	1 26	3 22	»	»	7 26	8 40	»	»	»	»
56	Aiguilles-de-Guill.	»	»	»	1 32	3 30	»	»	7 32	8 49	»	»	»	»
66	**Etampes**.....Arr.	»	8 50	10 55	1 50	3 55	6 50	7 20	7 50	9 15	»	11 10	1 57	3 10
66	**Etampes**.....Dép.	6 »	9 »	11 5	2 »	4 25	7 »	7 30	8 »	9 40	9 »	11 40	2 7	3 40
73	Etrechy	6 19	9 14	»	2 14	4 48	»	»	8 15	9 57	9 14	»	»	»
79	Lardy	6 34	9 25	»	2 25	5 4	»	»	8 27	10 10	9 25	»	»	»
82	Bouray	6 32	9 33	»	2 33	5 23	»	»	8 37	10 16	9 33	»	»	»
86	Marolles	7 5	9 41	»	2 40	5 39	»	»	8 46	10 25	9 41	»	»	»
91	Brétigny	7 18	9 51	»	2 51	5 50	»	»	8 56	10 37	9 51	»	»	»
94	Saint-Michel	7 34	10 2	11 46	3 2	6 11	7 41	8 41	9 7	11 »	10 2	1 »	2 57	5 »
98	Epinay	7 47	10 11	»	3 11	6 28	»	»	9 16	11 9	10 11	»	»	»
100	Savigny	7 55	10 17	»	3 17	6 34	»	»	9 22	11 12	10 17	»	»	»
103	Juvisy	8 4	10 25	12 »	3 25	6 45	7 55	8 25	9 30	11 20	10 25	1 20	3 20	5 20
112	Choisy	8 25	10 45	»	3 45	7 12	»	»	9 50	11 40	10 45	»	3 42	»
122	**Paris**.....Arr.	8 45	11 »	12 25	4 »	7 35	8 20	8 50	10 5	12 »	11 »	2 »	4 »	6 »

Les trains omnibus contiennent des voitures de 1re, 2e et 3e classe, et s'arrêtent à toutes les stations.—Les trains de messageries contiennent des voitures de 1re classe, s'arrêtent à Juvisy, Saint-Michel, Étampes et Toury.—Les trains des malles-postes partant de Paris contiennent des voitures de 1re classe et s'arrêtent à Juvisy, Saint-Michel, Étampes, Angerville, Toury et Artenay.—Les trains de malles-postes partant d'Orléans, contiennent des voitures de 1re et 2e classe aux prix de celles de 2e et 3e classe.— Les trains de marchandises de nuit, partant de Paris, contiennent des voitures de 1re et 2e classe aux prix de celles de 2e et 3e classe. — Les trains directs sur la ligne d'Orléans contiennent des voitures de 1re et 2e classe. — Les trains de marchandises d'Étampes contiennent des voitures de 1re et 2e classe aux prix de celles de 2e et 3e classe.—Les trains omnibus s'arrêtent à Choisy-le-Roi qui correspond par ces trains avec toutes les stations de la ligne d'Orléans. — Ces trains ne prennent pas de voyageurs, ni de Paris pour Choisy, ni de Choisy pour Paris.

LIGNE DE PARIS A CORBEIL.

Organisation du service.

HEURES DE DÉPART DES GARES ET STATIONS

TRAINS PARTANT DE PARIS.

Dist. kil.	DÉPARTS de	Mat. h. m.	Mat. h. m.	Mat. h. m.	Soir. h. m.	Soir. h. m.	Soir. h. m.	Soir. h. m.	Soir. h. m.
»	**Paris**	7 45	9 15	11 45	1 30	3 30	5 30	7 45	9 30
9	Choisy	8 »	9 30	12 »	1 45	3 45	5 45	8 »	9 45
13	Villeneuve	8 09	9 39	12 09	1 54	3 54	5 54	8 09	9 54
16	Athis	8 16	9 46	12 16	2 01	4 01	6 01	8 16	10 01
19	Juvisy	8 24	9 54	12 24	2 09	4 09	6 09	8 24	10 09
23	Ris	8 33	10 05	12 33	2 18	4 18	6 18	8 33	10 18
27	Evry	8 42	10 12	12 42	2 27	4 27	6 27	8 42	10 27
30	**Corbeil**	8 50	10 20	12 50	2 35	4 35	6 35	8 50	10 35

TRAINS PARTANT DE CORBEIL.

Dist. kil.	DÉPARTS de	Mat. h. m.	Mat. h. m.	Mat. h. m.	Soir. h. m.	Soir. h. m.	Soir. a. m.	Soir. h. m.	Soir. (Service les dimanches et fêtes)	Soir. h. m.
»	**Corbeil**	6 45	9 »	11 »	1 »	3 50	5 »	7 »		9 55
3	Evry	6 52	9 07	11 07	1 07	3 57	5 07	7 07		9 42
7	Ris	7 01	9 16	11 16	1 16	3 46	5 16	7 16		9 51
11	Juvisy	7 10	9 25	11 25	1 25	3 55	5 25	7 25		10 »
14	Athis	7 17	9 52	11 52	1 52	4 »	5 52	7 52		10 07
17	Villeneuve	7 25	9 40	11 40	1 40	4 10	5 40	7 40	10 05	10 15
21	Choisy	7 54	9 49	11 49	1 49	4 19	5 49	7 49	10 10	10 24
30	**Paris**	7 56	10 05	12 05	2 05	4 55	6 05	8 05	10 30	10 40

TARIFS DES PRIX DE TRANSPORT DES VOYAGEURS ET DES BAGAGES A GRANDE VITESSE POUR CORBEIL.

VOYAGEURS.

DE PARIS à	VOITURES 1re classe. 24 places. fr. c.	2me classe. 30 places. fr. c.	3me classe. 36 places. fr. c.
Choisy *ou retour*	1 »	» 80	» 50
Villeneuve-le-Roi dito	1 45	1 10	» 75
Athis dito	1 75	1 30	» 90
Juvisy dito	1 95	1 50	1 »
Ris dito	2 50	1 85	1 25
Evry dito	2 90	2 20	1 45
Corbeil dito	3 »	2 40	1 60

BAGAGES (Excédant 15 kilog.)

	De 1 à 20 k. fr. c.	De 21 à 50 k. fr. c.	De 51 à 100 k. fr. c.	De 101 à 200 k. fr. c.
DE PARIS à				
Corbeil et réciproquement	» 50	» 75	1 50	2 45
Juvisy, Ris, Evry, id.	» 50	» 75	1 25	1 65
Athis, Villeneuve-le-Roi, Choisy, et réciproquement	» 50	» 50	» 50	» 80
DE CORBEIL				
à Choisy, et réciproquement	» 50	» 50	1 25	1 65
à Villeneuve-le-Roi, Athis, Juvisy, Ris, Evry, et réciproquement	» 50	» 50	» 50	» 80

Ainsi que d'une station intermédiaire à une autre station intermédiaire.

Pour l'enregistrement des bagages, 0 fr. 10 c.

TARIFS
DES PRIX DE TRANSPORT DES VOYAGEURS ET DES BAGAGES
pour Orléans.

VOYAGEUAS.

DE PARIS aux Destinations suivantes *et vice versâ.*	Coupé.	VOITURES couvertes. garnies 1re cl.	n. gar. 2e cl.	Voitures découvertes. 3e cl.
	fr. c.	fr. c.	fr. c.	fr. c.
Juvisy.........	»	1 95	1 50	1 »
Savigny.........	»	2 25	1 70	1 15
Epinay.........	»	2 50	1 85	1 25
Saint-Michel....	»	3 »	2 25	1 50
Brétigny.........	»	3 20	2 40	1 60
Marolles.........	»	3 80	2 90	1 95
Bouray.........	»	4 45	3 35	2 25
Lardy.........	»	4 10	3 10	2 10
Etrechy.........	»	5 »	3 80	2 55
Etampes.........	7 50	5 80	4 35	2 90
Monnerville.....	»	7 25	5 45	3 45
Angerville.....	»	7 75	5 85	3 90
Toury.........	»	9 20	6 90	4 65
Artenay.........	»	10 55	7 95	5 50
Chevilly.........	»	11 15	8 40	5 65
Orléans.....	15 »	12 60	9 50	6 55

VOYAGEURS.

D'ORLÉANS aux Stations suivantes *et vice versâ.*	Coupé.	VOITURES couvertes. garnies 1re cl.	n. gar. 2e cl.	Voitures découvertes. 3e cl.
	fr. c.	fr. c.	fr. c.	fr. c.
Chevilly.........	»	1 45	1 10	» 75
Artenay.........	»	2 05	1 5	1 05
Toury.........	»	3 40	2 55	1 70
Angerville......	»	4 85	3 65	2 45
Monnerville......	»	5 55	4 05	2 70
Etampes.....	7 50	6 80	5 15	3 45
Etrechy.........	»	7 55	5 70	3 80
Lardy.........	»	8 45	6 40	4 30
Bouray.........	»	»	»	»
Marolles.........	»	8 90	6 70	4 50
Brétigny.........	»	9 40	7 05	4 75
Saint-Michel......	»	9 70	7 50	4 90
Epinay.........	»	10 40	7 60	5 10
Savigny.........	»	10 55	7 80	5 25
Juvisy.........	»	10 65	8 »	5 40
Choisy.........	»	11 55	8 70	5 85
Paris.........	15 »	12 60	9 50	6 55

Prix des transports par les Trains de nuit de Paris à Orléans, voitures couvertes.... { 1re cl. 9 f. 50 ; 2e cl. 6 55

Prix des transports par les Trains de nuit d'Orléans à Paris, voitures couvertes.... { 1re cl. 9 f. 50 ; 2e cl. 6 55

BAGAGES.

DE PARIS	De 16 à 25 kilog.	De 26 à 50 kilog.	De 51 à 100 kil. *
	fr. c.	fr. c.	fr. c.
à Juvisy *ou retour*.........	» 50	1 »	» 01
Savigny dito.........	» 50	1 »	» 01
Epinay dito.........	» 50	1 »	» 01
Saint-Michel dito.........	» 50	1 »	» 01
Brétigny dito.........	» 50	1 »	» 01
Marolles dito.........	» 75	1 25	» 02
Bouray dito.........	» 75	1 25	» 02
Lardy dito.........	» 75	1 25	» 02
Etrechy dito.........	» 75	1 25	» 02
Etampes dito.........	1 »	1 50	» 05
Monnerville dito.........	1 50	1 75	» 05
Angerville dito.........	1 50	1 75	» 05
Toury dito.........	1 50	1 75	» 05
Artenay dito.........	1 50	1 75	» 05
Chevilly dito.........	2 »	2 50	» 05
Orléans dito.........	2 »	2 50	» 05

Pour l'enregistrement des bagages. 0 fr. 10 c.

* Par kilogramme excédant 50 kilog.

TARIF
DU TRANSPORT DES VOITURES SUR PLATE-FORMES ET CHEVAUX A PETITE VITESSE
et vice versâ.

TRANSPORT DES VOITURES ET CHEVAUX (Chargement et déchargement compris).	DE PARIS A ORLÉANS.	A ÉTAMPES, d'Étampes à Orléans	A TOURY.	D'ORLÉANS A TOURY.	DE PARIS A SAINT-MICHEL.	D'ORLÉANS A SAINT-MICHEL.	DE PARIS A ANGERVILLE.	D'ANGERVILLE A ORLÉANS.
	fr. c.	fr. c.	fr. c.	fr. c.	fr. c.	fr. c.	fr. c.	fr. c.
Une voiture à 2 ou à 4 roues, à un fond et à une seule banquette dans l'inter.	42 »	22 »	55 »	15 »	14 »	75 »	29 »	19 »
Une voit. à 4 r., à 2 fonds et à 2 banq.	62 »	52 »	48 »	20 »	18 »	50 »	41 »	27 »
Pour un cheval	20 50	10 40	17 55	8 45	8 55	18 10	15 25	11 05
Pour 2 chevaux au même propriétaire	59 »	20 »	51 55	15 45	14 50	52 95	27 50	19 50
Pour 3 chevaux au même propriétaire	56 »	28 »	44 45	21 50	19 90	36 50	38 75	27 25
Au-dessus de 5 chevaux au même propriétaire et par chaque cheval exced.	17 »	9 »	14 95	8 65	7 55	15 55	15 20	9 80

TRANSPORT DES CHIENS.

	fr. c.
De Paris... à Orléans, *et vice versâ*	2 »
à Étampes (d'Orléans à Étampes *et vice versâ*, 1 fr. 50 c.)	1 »
à Corbeil	» 50
à Juvisy, Savigny, Épinay ou Saint-Michel, *et vice versâ*	» 50
à Brétigny, Marolles, Lardy et Étréchy	1 »
à Mennerville, Angerville, Toury, Artenay et Chevilly	1 50
Enfin, d'une station à une autre, pour un parcours de 50 kilomètres et au-dessous.	» 50
Au delà de 50 kilomètres, jusqu'à 60 kilomètres	1 »
Au delà de 60 kilomètres jusqu'à 90 kilomètres	1 50
Au delà de 90 kilomètres	2 »

TARIF
DU TRANSPORT DE VOITURES ET CHEVAUX A LA VITESSE DES VOYAGEURS.

TRANSPORT DES VOITURES DE POSTE ET DE CHEVAUX A LA VITESSE DES VOYAGEURS, chargement et déchargement compris.	DE PARIS A CORBEIL.	A ST-MICHEL.	A ÉTAMPES.	A ANGERVILLE.	A TOURY.	A ORLÉANS.
et vice versâ.	fr. c.	fr. c.	fr. c.	fr. c.	fr. c.	fr. c.
Une voiture à 2 ou 4 roues, à un fond et à une seule banquette dans l'intérieur.	15 »	16 »	27 »	39 »	46 »	62 »
Une voiture à 4 roues, à 2 fonds et à deux banquettes	20 »	21 »	37 »	51 »	69 »	82 »
TRANSPORT DES CHEVAUX.						
Pour un cheval	8 »	10 55	18 »	24 15	28 25	58 »
Pour 2 chevaux au même propriétaire	15 »	17 45	29 »	41 95	49 40	69 »
Pour 3 chevaux au même propriétaire	20 »	25 40	59 »	57 75	67 65	96 »
Au-dessus de 5 chevaux au même propriétaire et par chaque cheval excédant	6 »	7 95	12 »	17 55	20 25	27 »

FRAIS DE CONDUITE DES VOITURES DANS PARIS.

Le transport des voitures et des chevaux ne s'effectue que par les trains omnibus et des malles-postes, à Paris, à Saint-Michel, à Étampes, à Angerville, à Toury, à Orléans ou à Corbeil, où des debarcaderes de chaises de poste sont établis.

Écrire, pour les commandes de chevaux de poste, aux Chefs de ces gares et stations.

Pour deux chevaux et un postillon......................	6 fr. » c.
Pour trois chevaux de limoniere et un postillon..........	8 50
Pour quatre chevaux et deux postillons................	12 »

FACTAGE DES FINANCES.

Pour 500 fr. et au-dessous......	» 30 c.	Au-dessus de 2,000 fr., et par frac-	
De 501 à 1,000 fr.............	» 50	tion indivisible de 1,000 fr......	» 25 c.
De 1,000 à 1,500 fr............	» 65		

CORRESPONDANCES.

A PARIS,

OMNIBUS SPÉCIAUX POUR TOUS LES DÉPARTS ET TOUS LES RETOURS.

Ligne du Palais-Royal. — Rue du Boulol. 22. — Succursale des Messageries Gaillard et Cie. — *Itinéraire :* quai Saint-Bernard, de la Tournelle, place Notre-Dame, Hôtel-de-Ville, quai de la Mégisserie, Pont-Neuf, rue du Boulol.

Ligne de la Bourse. — Cour des Messageries Royales. — *Itinéraire :* quai Saint-Bernard, de la Tournelle, Palais-de-Justice, place du Châtelet, rue Saint-Denis, rue du Caire, rue Neuve-Saint-Eustache, rue Montmartre, cour des Messageries Royales.

Ligne de la Chaussée-d'Antin. — Rue Grange-Batelière. — *Itinéraire :* quai Saint-Bernard, pont Saint-Michel, quai des Orfèvres, Pont-Neuf, rue Saint-Honoré, place du Palais-Royal, rue Richelieu, boulevard des Italiens, rue Grange-Batelière, 4.

Ligne de la Porte Saint-Martin. — Impasse de la Planchette. — *Itinéraire :* Pont de la Tournelle, île Saint-Louis, rue Saint-Antoine, rue Culture-Sainte-Catherine, rue du Parc-Royal, rue Saint-Louis, rue Boucherat, rue Charlot, boulevard du Temple, porte Saint-Martin, rue Saint-Martin, hôtel de l'Union, près le Plat-d'Etain.

Ligne du Faubourg Saint-Germain. — Place Saint-Sulpice. 12. et rue du Bac. 115. — *Itinéraire :* quai de la Tournelle, pont Saint-Michel, rue Saint-André-des-Arts, carrefour Bussy, rue de Seine, place Saint-Sulpice, Croix-Rouge, rue de Sèvres, rue du Bac, 115.

Nota. On delivre, dans ces bureaux, des billets pour les services en correspondance auxdits Chemins de fer.

On y reçoit également toute la messagerie et les commandes pour le transport des voitures en poste dans Paris; un registre à souche y est également deposé à cet effet.

L'Administration met des **Omnibus** particuliers et des **Cabriolets** à quatre roues à la disposition des voyageurs et des familles qui le désirent. Elle se charge aussi de faire prendre les bagages et la messagerie à domicile, moyennant un factage modere.

DÉPOTS ET RENSEIGNEMENTS.

La Compagnie des Omnibus a organisé dans ses bureaux des dépôts pour les articles de bagages, messageries, finances, etc.

Les Gazelles, allant de la station du Chemin de fer à la place des Pyramides, rue de Rivoli, ministère des finances, par correspondance au Chemin de fer de Versailles (rive droite) et aux Batignolles; à la Villette, par le Palais-de-Justice et la rue Saint-Martin ; au Gros-Caillou, par le faubourg Saint-Germain.

MM. les Voyageurs peuvent encore, pour se rendre à l'embarcadère, prendre les Omnibus, ligne de Passy à Bercy, passant au bout du pont d'Austerlitz, ou les Favorites et les Hirondelles, allant des Gobelins à la barrière Rochechouart.

MESSAGERIES ROYALES.

DÉPARTS DE PARIS à 9 h. 00 m. du matin, pour Lyon, par Briare, Nevers, Moulins, Roanne; — Limoges, par Vierzon, Châteauroux, Argenton; — Toulouse, par Châteauroux, Limoges, Brives, Cahors, Montauban; — Bordeaux, par Blois, Tours, Poitiers et Angoulême; — Nantes, par Blois, Tours et Saumur et Angers.

DÉPARTS DE PARIS à 6 h. 55 m. du soir, pour Clermont-Ferrand, par Bourges, Saint-Amand, Montluçon, Néris, Riom; — Tours; — Bordeaux, par Blois, Châtellerault, Poitiers et Angoulême; — Roanne, par Moulins, — Angers, par Blois, Tours et Saumur.

MESSAGERIES GÉNÉRALES CAILLARD ET Cie.

DÉPARTS DE PARIS à 9 h. 00 m. du matin, pour Poitiers, la Rochelle et Rochefort, par Beaugency, Mer, Blois, Amboise, Tours, Niort; — Nantes, par Blois, Tours, Saumur et Angers; — Lyon, par Briare, Nevers, Moulins, Roanne; — Limoges, par Vierzon, Châteauroux, Argenton, ou Toulouse, par Châteauroux, Limoges, Brives, Cahors, Montauban.

DÉPART DE PARIS à 6 h. 55 m. du soir, pour Bordeaux, par Blois, Tours, Poitiers et Angoulême (Bayonne); — Clermont-Ferrand, par Briare, la Charité, Cosne, Nevers, Moulins, Saint-Pourçain, Gannat; — Saint-Étienne, par Vierzon, Bourges, Sancoins, Moulins, Roanne.

OMNIBUS ET VOITURES DE CORRESPONDANCE.

LIGNE DE CORBEIL.

DÉSIGNATION des stations.	POINTS PRINCIPAUX DESSERVIS.	HEURES DE DÉPART DE PARIS.	HEURES DE DÉPART DE CORBEIL.
Villeneuve...	Villeneuve-St-Georges, Yeres et Brunoy...... Mongeron........	Dessert tous les departs de Paris............. 7 h. 45, 9 h. 15, 11 h. 45 mat., 1 h. 30, 3 50, 5 h. 30, 7 h. 45,—(et 9 h. 30 soir, les dimanches et fêtes seulement........	Dessert tous les départs de Corbeil. 6 h. 45, 9 h., 11 h. mat., 1 h., 3 h. 30, 5 h., 7 h. soir;—(et 10 h. 5 soir les dimanches et fêtes seulement).
	Melun........	Dessert tous les departs de Paris, moins 9 30 s.	Dessert tous les départs de Corbeil.
	Fontainebleau........	Dessert tous les departs de Paris, moins 7 h. 45 et 9 h. 30 soir........	9 h., 11 h. mat., 1 h., 3 h. 30, 5 h., 9 h. 55 s.
	Nemours........	7 h. 45, 9 h. 15, 11 h. 45 matin, 3 30 soir........	11 h. mat., 1 h., 3 h. 30, 5 h., 9 h. 55 soir.
	Montargis........	9 h. 15 matin........	5 h. soir.
CORBEIL.	Montereau........	11 h. 45 matin........	9 h. mat., 1 h., 3 30 s.
	Beaumont........	7 h. 45 matin........	1 h. soir.
	Moret........	7 h. 45 matin........	9 h. 55 soir.
Omn. à la gare.	Milly, Mennecy, Malesherbes........	4 h. 30 soir........ 11 h. 45 matin........	11 h. matin. 11 h. matin.
	Nangis, par Melun..... Guignes, Chaumes, Mormant et Champaux, par Melun........	4 h. 30 soir........	11 h. matin.
Bateaux à vap.	Melun et Montereau. — Correspond. avec Nangis, Provins, Nogent-sur-Seine, Troyes, Sens, Joigny, Auxerre, Châlons et la route.......	9 h. 15 matin........	3 h. 30 soir.

LIGNE D'ORLÉANS.

DÉSIGNATION des stations.	POINTS PRINCIPAUX DESSERVIS.	HEURES DE DÉPART DE PARIS.	HEURES DE DÉPART pour le retour vers Paris.
St-Michel...	Montlhéry...	7 h. 50, 11 30 mat., 2 15, 5 15 soir, 9 50 matin.	7 h. 54 matin, 5 h. 02, 8 h. 47 soir.
	Marcoussis...	11 h. 50 mat., 2 15, 5 15 soir, 9 h. 30 matin....	10 h. 02 matin, 5 h. 02, 8 h. 47 soir.
Marolles...	Arpajon...	7 h. 50, 11 50 mat., 2 15, 5 h. 15 soir, 9 30 mat.	7 h. 05, 9 h. 41 matin, 2 h. 41, 8 h. 26 soir.
	Forges...	5 h. 15 soir...	9 h. 41 matin.
	Saint-Cheron...	2 h. 15 soir	9 h. 41 matin.
Bouray...	La Ferté-Aleps...	7 h. 50, 11 50 mat., 2 15, 5 h. 15 soir, 9 30 mat.	6 h. 52, 9 55 mat., 2 55, 8 h. 18, 9 h. 35 soir.
Étampes...	Pithiviers, Barville-Boyne, Beaune et Bois-commun...	7 h. 50, 11 h. 50 matin, 5 h. 15 soir...	9 h. mat., 2 h., 7 h. 4 soir.
	Dourdou...	7 h. 50 mat., 5 h. 15 s.	9 h. matin.
	Auneau...	11 h. 50 matin	9 h. matin.
Monnerville	Mereville...	7 5', 11 50 mat., 5 15 s.	8 26 mat., 1 28, 7 11 s.
Angerville...	Chartres...	11 h. 50 mat., midi 50.	1 h. 17 soir.
	Châteaudun...	11 h. 50 matin	midi 57.
Toury...	Chartres pour Orléans et réciproquement...	5 h. 15 soir.	1 h. 5 matin.
	Janville...	7 50, 11 50 mat., 5 15 s.	7 57 mat., 12 57, 6 42 s.
ORLÉANS...	Omnibus à la gare, qui prennent et remettent les voyageurs à domicile dans l'int. de la ville.	Au passage de tous les trains...	Au passage de tous les trains.

DÉSIGNATION des stations.	POINTS PRINCIPAUX DESSERVIS.	HEURES DE DÉPART DE PARIS.	HEURES DE DÉPART pour le retour vers Paris.
ORLÉANS...	St-Loup, Saint-Jean-de-Bray, Bionne, Checy-les-Aides, St-Denis-les-Ormes, Saint-Mesmin, Barrière-St-Marc, Olivet, La Chapelle, Fourneaux, St-Ay...	Départ d'Orléans toutes les 1/2 heures...	Arrivée à Orléans toutes les 1/2 heures.
	Pithiviers...	11 h. 50 mat., 11 15 s.	midi, minuit.
	Montargis...	11 h. 15 soir...	minuit.
	Briare, Châteauneuf, Meung, Jargeau...	5 h. 15 s., 7 h. 30 mat.	7 h. mat., 5 h. 45 soir.
	Bateaux à vapeur, Ghien, Cosnes... La Charité, Nevers, Digoin...	11 h. 15 s. dép. d'Orléans les jours imp. seulem.	

LIGNE DE BOURGES.

Salbris... Correspondances avec Romorantin.

Vierzon... Correspondances avec Vatan, Châteauroux, Issoudun, La Châtre, Guéret et Aubusson.

Bourges... Correspondances avec St-Amand, Fourchambault, Nevers, Montluçon, Néris, Riom, Clermont, Chateau-Chinon, Autun, Chalon-sur-Saône, La Charité, Clamecy, Châteauneuf et Lignières.

Nota.—Les Messageries royales et les Messageries générales desservent aussi, par la ligne de Tours, Bayonne, Bordeaux, Rochefort, La Rochelle, Nantes, Rennes et Brest ; et par la ligne de Bourges, Lyon, St-Etienne, Clermont, Moulins, Montluçon, Châteauroux, Limoges, Toulouse, etc. Au bureau des Omnibus, rue du Bouloi, 22, et à la gare du Chemin de fer à Paris, on délivre des billets pour les correspondances avec Pithiviers par Étampes, avec Chartres par Angerville, et avec Châteaudun par Tury.

CHEMIN DE FER D'ORLÉANS A TOURS.

Organisation du service d'été. — 10 août. — Heures de départ.

D'ORLÉANS A TOURS.

DISTANCE D'ORLÉANS.	INDICATION DES STATIONS.	N° 2. Messageries.	N° 17. Omnibus.	N° 3. Omnibus.	N° 6. Marchandises.	N° 11. Marchandises.	N° 4. Mall-Post et Mess.	N° 5. Marchandises.	N° 1. Omnibus.
				SOIR.	SOIR.	SOIR.	SOIR.	MATIN.	MATIN.
kilom.	**Orléans** ...... Dép.	12 20	»	4 15	7 30	8 »	10 10	7 »	6 50
7 »	La Chapelle ...... —	»	»	4 29	»	»	»	»	7 4
14 »	Saint-Ay ...... —	»	»	4 42	»	»	»	»	7 17
19 »	Meung ...... —	12 45	»	4 54	»	8 45	10 55	7 45	7 29
27 »	Baugency ...... —	1 »	»	5 12	8 28	9 11	10 50	8 10	7 47
39 »	Mer ...... —	1 18	»	5 50	»	9 47	11 8	8 44	8 5
49 »	Ménars ...... —	»	»	5 47	»	»	»	»	8 22
58 »	**Blois** ...... Arr.	1 41	»	6 1	9 58	10 25	11 31	9 18	8 56
58 »	**Blois** ...... Dép.	1 56	12 50	6 15	9 55	»	11 41	9 55	8 48
68 »	Chousy ...... —	»	12 46	6 29	»	»	»	9 56	9 4
75 »	Onzain ...... —	»	12 58	6 41	»	»	»	10 15	9 16
86 »	Limeray ...... —	»	1 15	6 58	»	»	»	»	9 33
91 »	Amboise ...... —	2 40	1 50	7 15	11 8	»	12 25	11 »	9 48
97 »	Noizay ...... —	»	1 42	7 25	»	»	»	»	10 »
104 »	Vouvray ...... —	»	1 55	7 58	11 44	»	12 45	11 50	10 13
105 »	Mont-Louis ...... —	»	2 »	7 45	»	»	»	11 56	10 18
115 »	**Tours** ...... Arr.	3 25	2 25	8 16	12 10	»	1 10	12 »	10 45

DE TOURS A PARIS.

DISTANCE DE TOURS.	INDICATION DES STATIONS.	N° 7. Messageries.	N° 8. Omnibus.	N° 13. Marchandises.	N° 9. Messageries.	N° 18. Omnibus.	N° 12. Marchandises.	N° 10. Malles-Omnibus.	N° 14. Marchandises.
		MATIN.	MATIN.	MATIN.	SOIR.	SOIR.		SOIR.	SOIR.
kilom.	**Tours** ...... Dép.	6 5	7 45	11 10	2 »	5 »	»	7 40	5 15
10 »	Mont-Louis ...... —	»	8 1	11 32	»	5 16	»	7 56	»
11 »	Vouvray ...... —	6 20	8 6	11 45	2 41	5 21	»	8 1	5 39
17 »	Noizay ...... —	»	8 18	»	»	5 33	»	8 13	»
24 »	Amboise ...... —	6 42	8 33	12 27	2 35	5 48	»	8 28	6 22
29 »	Limeray ...... —	»	8 44	»	»	5 59	»	8 39	»
40 »	Onzain ...... —	»	9 5	1 7	»	6 18	»	8 58	»
47 »	Chouzy ...... —	»	9 15	1 26	»	6 50	»	9 10	»
57 »	**Blois** ...... Arr.	7 22	9 31	1 46	3 17	6 45	»	9 26	7 56
37 »	**Blois** ...... Dép.	7 57	9 45	2 1	3 52	»	midi	9 58	7 46
65 »	Ménars ...... —	»	10 4	»	»	»	»	9 56	»
75 »	Mer ...... —	8 »	10 18	»	3 55	»	12 55	10 13	»
88 »	Beaugency ...... —	8 21	10 38	3 25	4 16	»	1 35	10 33	8 58
95 »	Meung ...... —	8 35	10 55	»	4 28	»	2 5	10 48	. »
101 »	Saint-Ay ...... —	»	11 6	»	»	»	»	11 4	»
108 »	La Chapelle ...... —	»	11 19	»	»	»	»	11 14	»
115 »	**Orléans** ...... Arr.	9 10	11 40	4 25	5 5	»	2 45	11 35	10 »

TARIF

POUR LE TRANSPORT DES VOYAGEURS, DES BAGAGES ET DES CHIENS.

D'ORLÉANS aux stations suivantes *et vice versâ.*

KILOMÈTRES.	STATIONS.	VOYAGEURS. 1re Classe.	2e Classe.	3e Classe.	BAGAGES. De 30 à 40 kilog.	De 40 à 50 kilog.	De 50 à 80 kilog. par kil.	Au-dessus de 80 k. par 40 k.	CHIENS (par tête).
7	La Chapelle.........	» 75	» 55	» 40	» 40	» 60	» 01	» 03	» 50
14	Saint-Ay.........	1 45	1 10	» 80	» 50	» 80	» 02	» 05	» 50
20	Meung.........	2 10	1 55	1 15	» 50	» 80	» 02	» 08	» 50
27	**Beaugency**.........	2 80	2 10	1 55	» 60	1 »	» 02	» 10	1 »
39	Mer.........	4 65	3 05	2 25	» 75	1 25	» 05	» 15	1 »
50	Menars.........	5 15	3 90	2 90	1 »	1 50	» 05	» 18	1 »
59	**Blois**.........	6 10	4 60	3 40	1 25	1 75	» 04	» 22	1 50
68	Chouzy.........	7 »	5 50	3 95	1 50	2 »	» 04	» 25	1 50
74	Onzain.........	7 65	5 75	4 25	1 50	2 »	» 04	» 27	1 50
85	Limeray.........	8 75	6 60	4 90	1 75	2 25	» 05	» 51	2 »
91	**Amboise**.........	9 40	7 05	5 25	1 75	2 25	» 05	» 55	2 »
98	Noizay.........	10 10	7 60	5 65	1 75	2 25	» 05	» 56	2 »
104	Vouvray.........	10 75	8 10	6 »	2 »	2 50	» 05	» 58	2 »
105	Mont-Louis.........	10 85	8 15	6 05	2 »	2 50	» 05	» 58	2 »
115	**Tours**.........	11 85	8 95	6 65	2 »	2 50	» 05	» 42	2 »

De **LA CHAPELLE** aux stations suivantes *et vice versâ.*

KILOMÈTRES.	STATIONS.	1re Classe.	2e Classe.	3e Classe.	De 30 à 40 kilog.	De 40 à 50 kilog.	De 50 à 80 kilog. par kil.	Au-dessus de 80 k. par 40 k.	CHIENS (par tête).
7	Saint-Ay.........	» 75	» 55	» 40	» 40	» 60	» 01	» 05	» 50
17	Meung.........	1 55	1 »	» 75	» 50	» 80	» 02	» 05	» 50
20	**Beaugency**.........	2 10	1 55	1 15	» 50	» 80	» 02	» 08	» 50
32	Mer.........	3 20	2 50	1 85	» 75	1 25	» 05	» 12	1 »
45	Menars.........	4 45	3 55	2 50	1 »	1 50	» 05	» 16	1 »
52	**Blois**.........	5 55	4 05	3 »	1 25	1 75	» 04	» 19	1 50
61	Chouzy.........	6 50	4 75	3 50	1 50	2 »	» 04	» 22	1 50
67	Onzain.........	6 90	5 20	3 85	1 50	2 »	» 04	» 25	1 50
78	Limeray.........	8 05	6 05	4 50	1 50	2 »	» 04	» 29	2 »
84	**Amboise**.........	8 65	6 55	4 85	1 75	2 25	» 05	» 74	2 »
91	Noizay.........	9 40	7 10	5 25	1 75	2 25	» 05	» 55	2 »
97	Vouvray.........	10 »	7 55	5 60	1 75	2 25	» 05	» 55	2 »
98	Mont-Louis.........	10 40	7 60	5 65	1 75	2 25	» 05	» 56	2 »
108	**Tours**.........	11 15	8 40	6 25	2 »	2 50	» 05	» 59	2 »

De **SAINT-AY** aux stations suivantes *et vice versâ.*

KILOMÈTRES.	STATIONS.	1re Classe.	2e Classe.	3e Classe.	De 30 à 40 kilog.	De 40 à 50 kilog.	De 50 à 80 kilog. par kil.	Au-dessus de 80 k. par 40 k.	CHIENS (par tête).
6	Meung.........	» 65	» 50	» 55	» 40	» 60	» 01	» 05	» 50
14	**Beaugency**.........	1 45	1 10	» 80	» 50	» 80	» 02	» 66	» 50
26	Mer.........	2 70	2 05	1 50	» 60	1 »	» 02	» 10	1 »
36	Menars.........	3 70	2 80	2 10	» 75	1 25	» 05	» 15	1 »
45	**Blois**.........	4 65	3 50	2 60	1 »	1 50	» 05	» 17	1 »
55	Chouzy.........	5 70	4 50	3 20	1 25	1 75	» 04	» 20	1 50
60	Onzain.........	6 20	4 65	3 45	1 25	1 75	» 04	» 22	1 50
71	Limeray.........	7 55	5 50	4 10	1 50	2 »	» 04	» 26	1 50
78	**Amboise**.........	8 05	6 05	4 50	1 50	2 »	» 04	» 29	2 »
84	Noizay.........	8 70	6 55	4 85	1 75	2 25	» 05	» 51	2 »
90	Vouvray.........	9 30	7 »	5 20	1 75	2 25	» 05	» 55	2 »
91	Mont-Louis.........	9 40	7 05	5 25	1 75	2 25	» 05	» 55	2 »
101	**Tours**.........	10 40	7 85	5 85	2 »	2 50	» 05	» 57	2 »

TARIF DES VOYAGEURS, BAGAGES, ETC. (Suite).

KILOMÈTRES.	STATIONS.	VOYAGEURS.			BAGAGES.				CHIENS (par tête).
		1re Classe.	2e Classe.	3e Classe.	De 30 à 40 kilog.	De 40 à 50 kilog.	Chaque kilogram au-delà de 50 jusqu'à 80 kilog.	Par fraction de 10 kil. au-dessus de 80 kilog.	
	De **MEUNG** aux stations suivantes *et vice versâ.*								
8	**Beaugency**	» 85	» 65	» 50	» 40	» 60	» 01	» 03	» 50
20	Mer	2 40	1 55	1 15	» 50	» 80	» 02	» 08	» 50
30	Ménars	3 10	2 35	1 75	» 60	1 »	» 02	» 11	1 »
40	**Blois**	4 15	3 10	2 50	» 75	1 25	» 03	» 15	1 »
49	Chouzy	5 05	3 80	2 85	1 »	1 50	» 03	» 18	1 »
55	Onzain	5 70	4 30	3 20	1 25	1 75	» 04	» 20	1 50
66	Limeray	6 80	5 15	3 80	1 50	2 »	» 04	» 24	1 50
72	**Amboise**	7 45	5 60	4 15	1 50	2 »	» 04	» 26	1 50
79	Noizay	8 15	6 15	4 55	1 50	2 »	» 04	» 29	2 »
85	Vouvray	8 75	6 60	4 90	1 75	2 25	» 05	» 31	2 »
85	Mont-Louis	8 75	6 60	4 90	1 75	2 25	» 05	» 31	2 »
96	**Tours**	9 90	7 45	5 55	1 75	2 25	» 05	» 33	2 »
	De **BEAUGENCY** aux stations suivantes *et vice versâ.*								
15	Mer	1 55	1 »	» 75	» 50	» 80	» 02	» 05	» 50
25	Ménars	2 40	1 80	1 35	» 60	1 »	» 02	» 09	» 50
32	**Blois**	3 30	2 50	1 85	» 75	1 25	» 03	» 12	1 »
41	Chouzy	4 25	3 20	2 35	1 »	1 50	» 03	» 15	1 »
47	Onzain	4 85	3 65	2 70	1 »	1 50	» 03	» 17	1 »
58	Limeray	6 »	4 50	3 35	1 25	1 75	» 04	» 22	1 50
64	**Amboise**	6 60	5 »	3 70	1 50	2 »	» 04	» 24	1 50
71	Noizay	7 35	5 50	4 10	1 50	2 »	» 04	» 26	1 50
77	Vouvray	7 95	6 »	4 45	1 50	2 »	» 04	» 28	2 »
78	Mont-Louis	8 05	6 05	4 50	1 50	2 »	» 04	» 29	2 »
88	**Tours**	9 10	6 85	5 10	1 75	2 25	» 05	» 32	2 »
	De **MER** aux stations suivantes *et vice versâ.*								
11	Ménars	1 15	» 85	» 65	» 50	» 80	» 02	» 04	» 50
20	**Blois**	2 10	1 55	1 15	» 50	» 80	» 02	» 08	» 50
29	Chouzy	3 »	2 25	1 70	» 60	1 »	» 02	» 11	1 »
35	Onzain	3 60	2 75	2 05	» 75	1 25	» 03	» 13	1 »
46	Limeray	4 75	3 60	2 65	1 »	1 50	» 03	» 17	1 »
52	**Amboise**	5 35	4 05	3 »	1 25	1 75	» 04	» 19	1 50
59	Noizay	6 10	4 60	3 40	1 25	1 75	» 04	» 22	1 50
65	Vouvray	6 70	5 05	3 75	1 50	2 »	» 04	» 24	1 50
66	Mont-Louis	6 80	5 15	3 80	1 50	2 »	» 04	» 24	1 50
76	**Tours**	7 85	5 90	4 40	1 50	2 »	» 04	» 28	2 »
	De **MÉNARS** aux stations suivantes *et vice versâ.*								
10	**Blois**	1 05	» 80	» 60	» 40	» 60	» 01	» 04	» 50
19	Chouzy	1 95	1 50	1 10	» 50	» 80	» 02	» 07	» 50
25	Onzain	2 60	1 95	1 45	» 60	1 »	» 02	» 10	» 50
33	Limeray	3 70	2 80	2 10	» 75	1 25	» 03	» 13	1 »
42	**Amboise**	4 35	3 25	2 45	1 »	1 50	» 03	» 16	1 »
49	Noizay	5 05	3 80	2 85	1 »	1 50	» 03	» 18	1 »
55	Vouvray	5 70	4 30	3 20	1 25	1 75	» 04	» 20	1 50
55	Mont-Louis	5 70	4 30	3 20	1 25	1 75	» 04	» 20	1 50
66	**Tours**	6 80	5 15	3 80	1 50	2 »	» 04	» 24	1 50

TARIF DES VOYAGEURS, BAGAGES, ETC. (Suite).

KILOMÈTRES.	STATIONS.	VOYAGEURS.			BAGAGES.				CHIENS (par tête).
		1re Classe.	2e Classe.	3e Classe.	De 30 à 40 kilog.	De 40 à 50 kilog.	Chaque kilogram au delà de 50 jusqu'a 80 kilog.	Par fraction de 10 kil. au-dessus de 80 kilog.	
	De **BLOIS** aux stations suivantes *et vice versâ.*								
10	Chouzy	1 05	» 80	» 60	» 40	» 60	» 01	» 04	» 50
16	Onzain	1 65	1 25	» 95	» 50	» 80	» 02	» 06	» 50
27	Limeray	2 80	2 10	1 55	» 60	1 »	» 02	» 10	1 »
33	**Amboise**	3 40	2 60	1 90	» 75	1 25	» 03	» 12	1 »
40	Noizay	4 15	3 10	2 30	» 75	1 25	» 03	» 13	1 »
46	Vouvray	4 75	3 60	2 65	1 »	1 50	» 03	» 17	1 »
46	Mont-Louis	4 75	3 60	2 65	1 »	1 50	» 03	» 17	1 »
57	**Tours**	5 90	4 45	3 30	1 25	1 75	» 04	» 21	1 50
	De **CHOUSY** aux stations suivantes *et vice versâ.*								
6	Onzain	» 65	» 50	» 35	» 40	» 60	» 01	» 03	» 50
17	Limeray	1 75	1 30	1 »	» 50	» 80	» 02	» 07	» 50
24	**Amboise**	2 50	1 90	1 40	» 60	1 »	» 02	» 09	» 50
30	Noizay	3 10	2 35	1 75	» 60	1 »	» 02	» 11	1 »
36	Vouvray	3 70	2 80	2 10	» 75	1 25	» 03	» 13	1 »
37	Mont-Louis	3 85	2 90	2 15	» 75	1 25	» 03	» 14	1 »
47	**Tours**	4 85	3 65	2 70	1 »	1 50	» 05	» 17	1 »
	D'**ONZAIN** aux stations suivantes *et vice versâ.*								
12	Limeray	1 25	» 95	» 70	» 50	» 80	» 02	» 05	» 50
18	**Amboise**	1 85	1 40	1 05	» 50	» 80	» 02	» 07	» 50
24	Noizay	2 50	1 85	1 40	» 60	1 »	» 02	» 09	» 50
30	Vouvray	3 10	2 35	1 75	» 75	1 25	» 03	» 11	1 »
31	Mont-Louis	3 20	2 40	1 80	» 75	1 25	» 03	» 12	1 »
41	**Tours**	4 25	3 20	2 35	1 »	1 50	» 03	» 13	1 »
	De **LIMERAY** aux stations suivantes *et vice versâ.*								
7	**Amboise**	» 60	» 45	» 20	» 40	» 60	» 01	» 03	» 50
13	Noizay	1 25	» 95	» 70	» 50	» 80	» 02	» 05	» 50
19	Vouvray	1 85	1 15	» 90	» 50	» 80	» 02	» 07	» 50
20	Mont-Louis	1 95	1 40	» 90	» 50	» 80	» 02	» 08	» 50
30	**Tours**	3 »	2 25	1 10	» 60	1 »	» 02	» 11	1 »
	D'**AMBOISE** aux stations suivantes *et vice versâ.*								
7	Noizay	» 70	» 55	» 40	» 40	» 60	» 01	» 03	» 50
13	Vouvray	1 35	1 »	» 75	» 50	» 80	» 02	» 05	» 50
14	Mont-Louis	1 45	1 10	» 80	» 50	» 80	» 02	» 06	» 50
24	**Tours**	1 50	1 25	» 90	» 60	1 »	» 02	» 09	» 50
	De **NOIZAY** aux stations suivantes *et vice versâ.*								
6	Vouvray	» 60	» 45	» 35	» 40	» 60	» 01	» 03	» 50
7	Mont-Louis	» 70	» 55	» 40	» 40	» 60	» 01	» 03	» 50
18	**Tours**	1 75	1 30	» 75	» 50	» 80	» 02	» 07	» 50
	De **VOUVRAY** aux stations suivantes *et vice versâ.*								
6	Mont-Louis	» 35	» 25	» 20	» 40	» 60	» 01	» 03	» 50
p.6,600 12	**Tours**	1 25	» 95	» 70	» 50	» 80	» 02	» 05	» 50
	De **MONT-LOUIS** à la station suivante *et vice versâ.*								
11	**Tours**	1 15	» 85	» 65	» 50	» 80	» 02	» 04	» 50

AVIS IMPORTANT.

Les trains omnibus contiennent des voitures de toutes classes. Ils s'arrêtent à toutes les stations.

Les billets sont délivrés dans les bureaux de la Compagnie, et à Paris au bureau de la Compagnie d'Orléans. Il en est également délivré dans les bureaux des omnibus spéciaux à Paris, Orléans, Blois et Tours.

Les voyageurs de 3e classe occupent, sur la ligne de Paris à Orléans, des voitures découvertes.

Les voyageurs nos 1 et 10 payent, sur la ligne de Paris à Orléans, le prix de 2e classe pour les places de 1re classe, et le prix de 3e classe pour les places de 2e.

Les trains directs ne contiennent que des voitures de 1re et 2e classes.

Les billets pour le trajet direct entre Paris et Tours sont délivrés, à Paris, Orléans et Tours, dans les bureaux des Messageries royales et générales.

Les bagages chargés dans les trains venant de Tours ou de Paris sont accompagnés depuis le point de départ jusqu'au point d'arrivée, par un conducteur de la Compagnie, sur toute la ligne de Paris à Tours.

Chaque voyageur a droit à *trente* kilogrammes de *bagages francs de port.*

Au-dessus de trois ans, les enfants payent place entière.

Les Voyageurs transportés à grande vitesse, dans leurs propres voitures, ne payent pas de taxe lorsqu'ils ne sont pas plus de deux dans une voiture à un fond et à une banquette, ou plus de trois dans une voiture à deux fonds et à deux banquettes : ceux qui dépassent ce nombre payent le prix de la 2e classe.

A la petite vitesse, ils payent tous le prix de la 2e classe.

Tout excédant de bagage, de même que tout bagage placé dans le wagon à bagages, doit être enregistré et payer un droit d'enregistrement de 0 fr. 10 c.

La Compagnie ne répond pas des objets non enregistrés.

En cas de perte d'objets enregistrés, mais dont la valeur n'aurait pas été déclarée, la Compagnie ne remboursera que 50 *fr. pour un porte-manteau,* 150 *francs pour une malle.*

Quant aux bagages dont la valeur a été déclarée, la Compagnie en rembourse, en cas de perte, la valeur déclarée.

Ces bagages sont taxés selon leur poids, et payent en sus le prix porté au tarif des transports taxés à la valeur.

TARIF
POUR LE TRANSPORT DES VOITURES ET CHEVAUX.
Chargement et déchargement compris.
(GRANDE ET PETITE VITESSE).

KILOMÈTRES.	STATIONS.	VOITURES. à 2 ou 4 roues, un fond et une banquette.	à 4 roues, 2 fonds et deux banquettes.	CHEVAUX. 1 cheval.	2 chevaux.	3 chevaux.	Chaque cheval en plus de trois.

Le prix du transport des voitures et chevaux doit être payé au départ.

GRANDE VITESSE.

D'Orléans aux stations suivantes *et vice versâ.*

km	Station	à 2 ou 4 roues	à 4 roues	1 cheval	2 chevaux	3 chevaux	Chaque cheval en plus
97	Beaugency	15 50	19 30	7 40	14 30	20 60	6 60
59	Blois	31 50	39 80	15 80	26 50	37 90	12 10
91	Amboise	47 50	60 30	20 20	38 60	55 20	17 50
115	Tours	59 50	75 60	25 »	47 70	68 10	21 60

De Beaugency aux stations suivantes *et vice versâ.*

km	Station	à 2 ou 4 roues	à 4 roues	1 cheval	2 chevaux	3 chevaux	Chaque cheval en plus
32	Blois	18 »	22 50	8 40	16 20	25 50	7 50
64	Amboise	33 »	43 »	14 80	28 55	40 60	12 90
88	Tours	46 »	58 40	19 60	34 50	55 60	17 »

De Blois aux stations suivantes *et vice versâ.*

km	Station	à 2 ou 4 roues	à 4 roues	1 cheval	2 chevaux	3 chevaux	Chaque cheval en plus
53	Amboise	18 50	23 20	8 60	16 60	23 90	7 70
57	Tours	50 50	38 50	13 40	25 70	36 80	11 70

D'Amboise à la station suivante *et vice versâ.*

km	Station	à 2 ou 4 roues	à 4 roues	1 cheval	2 chevaux	3 chevaux	Chaque cheval en plus
24	Tours	14 »	17 40	6 80	15 20	19 »	6 10

PETITE VITESSE.

D'Orléans aux stations suivantes *et vice versâ.*

km	Station	à 2 ou 4 roues	à 4 roues	1 cheval	2 chevaux	3 chevaux	Chaque cheval en plus
27	Beaugency	8 75	10 65	4 70	9 15	13 30	4 30
59	Blois	16 75	20 90	7 90	15 25	21 95	7 05
91	Amboise	24 75	31 15	11 10	21 30	30 60	9 75
115	Tours	50 75	38 80	13 50	25 85	37 05	11 80

De Beaugency aux stations suivantes *et vice versâ.*

km	Station	à 2 ou 4 roues	à 4 roues	1 cheval	2 chevaux	3 chevaux	Chaque cheval en plus
32	Blois	10 »	12 25	5 20	10 10	15 25	4 75
64	Amboise	18 »	22 50	8 10	16 20	23 30	6 45
88	Tours	24 »	30 20	10 80	20 80	29 76	9 50

De Blois aux stations suivantes *et vice versâ.*

km	Station	à 2 ou 4 roues	à 4 roues	1 cheval	2 chevaux	3 chevaux	Chaque cheval en plus
53	Amboise	10 25	12 60	5 30	10 30	14 95	4 85
57	Tours	16 25	20 25	7 80	14 85	21 40	6 85

D'Amboise à la station suivante *et vice versâ.*

km	Station	à 2 ou 4 roues	à 4 roues	1 cheval	2 chevaux	3 chevaux	Chaque cheval en plus
24	Tours	8 »	9 70	4 40	8 60	12 50	4 05

CORRESPONDANCES.

OMNIBUS SPÉCIAUX DU CHEMIN DE FER.

Orléans. — Blois. — Amboise. — Tours.

Ces omnibus desservent, à tous les départs et à toutes les arrivées, les divers quartiers des villes indiquées ci-dessus, et s'arrêtent devant les principaux hôtels. — Prix 30 c. par place. — Le transport des bagages se paye à part.

A Blois, voitures à volonté à la station, pour les environs et spécialement pour Chambord.

A Amboise, voitures à volonté à la station, pour les environs et spécialement pour Chenonceaux, Bléré et Montrichard.

ENTREPRISES DE MESSAGERIES EN CORRESPONDANCE AVEC LE CHEMIN DE FER.

DÉSIGNATION des Stations.	LOCALITÉS DESSERVIES.	HEURES DE DÉPART DE PARIS.	HEURES DE RETOUR VERS PARIS.
ORLÉANS.	Saint-Loup, Saint-Jean-de-Bray, Bionne, Chécy-les-Aides, Saint-Denis-les-Ormes, Saint-Mesmin, Barrière-Saint-Marc, Olivet, La Chapelle, Fourneaux, Saint-Ay.	Départ d'Orléans t. les 1|2 h.	Arrivée à Orléans toutes les 1|2 h.
	Pithiviers	11 h. 30 matin, 11 h. 15 soir	midi, minuit.
	Montargis	11 h. 15 soir	minuit.
	Briare, Châteauneuf, Meung, Jargeau	5 l. 45 soir, 7 h. 30 matin	7 h. mat., 5 45 soir.
	Bateaux à vapeur, Gien, Cosne, La Charité, Nevers, Digoin	11 h. 15 soir, départ d'Orléans L. jours impairs seulement.	
BLOIS.	Romorantin	5 h. 45, 6 h. 55, 11 h. 15 soir	3 h. 32, 9 h. 38 soir.
	Châteauroux	7 h. 30, 9 mat., 5 45, 6 55 soir	7 32 mat., 3 38 soir.
	Vendôme	5 h. 45, 6 h. 55, 11 h. 15 soir	9 h. 38 soir.
	Le Mans, par Vendôme	7 h. 30, 9 h. matin	7 h. 32 matin.
	Montrichard, par Pont-Levoy	7 30, 9 mat. 5 45, 6 55, 11 15 s.	9 43 mat., 9 38 soir.
	Châteaurenault, par Molineuf	7 h. 30, 9 mat., 5 45, 6 55 soir	9 43 mat., 9 38 soir.
BLOIS.	St-Aignan, par Contres et Cellette	7 h. 30, 9 h. mat. 11 h. 15 soir	9 h. 43 matin.
	Bracieux	7 h. 30, 9 h. matin	9 h. 43 matin.
	Châteaudun	5 h. 45, 6 h. 55 soir	9 h. 38 soir.
	Oucques	11 h. 15 soir	9 h. 43 matin.
	Pont-Levoy	7 h. 30, 9 h. matin	9 h. 43 matin.
AMBOISE.	Loches et Bléré	5 h. 45, 5 h. 55, 11 h. 45 soir	8 33 mat., 8 28 soir.
	Châteaurenault	11 h. 45 soir	8 h. 33 matin.
	Saintes	7 30, 9 h., 11 30 mat., midi 30	7 h. 40 soir.
	Limoges	7 h. 30, 9 h. matin	6 h. 5 matin.
	Angers	11 30 mat., midi 30, 11 15 soir	6 5 matin, 7 40 soir.
	Bourgueil	7 h. 30, 9 h. matin	2 h. soir.
	Langeais	7 h. 30, 9 h. matin	2 h. soir.
	Luynes	7 h. 30, 9 h. matin	2 h. soir.
	La Flèche	7 h. 30, 9 h. matin	7 h. 40 soir.
	Le Mans	5 5, 6 55 soir, 7 30, 9 matin	7 40 soir, 6 5 matin.
	Vendôme	5 h. 45, 6 h. 55 soir	6 h. 5 matin.
	Châteaurenault	7 30, 9 h. mat., 5 45, 6 55 soir	2 h., 7 h. 40 soir.
	Chinon	5 h. 45, 6 h. 55 soir	6 h. 5 matin.
TOURS.	Chinon-Richelieu	7 h. 30, 9 h. matin	2 h. soir.
	Azay-le-Rideau	5 h. 45, 6 h. 55 soir	7 h. 40 soir.
	Loches	11 h. 45 soir	2 h. soir.
	Châteauroux	11 h. 45 soir	6 h. 5 matin.
	Montrichard	7 h. 30, 9 h. matin	2 h. soir.
	Bléré	7 h. 30, 9 h. matin	2 h. soir.
	Ligueil	11 h. 45 soir	2 h. soir.
	Sainte-Maure	7 h. 30, 9 h. mat. 11 h. 45 soir	2 h., 7 h. 40 soir.
	Sorigny	7 h. 30, 9 h. matin	2 h. soir.
	Montbazon	7 h. 30, 9 h. matin	7 h. 40 soir.
	Vernon	7 h. 30, 9 h. matin	2 h. soir.
	Bateaux à vap., Saumur, Angers		
	Nantes et la route	5 h. 45, 6 h. 55, 11 h. 15 soir	

BATEAUX À VAPEUR. — Le Chemin de fer correspond avec les PAQUEBOTS et les INEXPLOSIBLES de la Loire, partant de Tours à 6 h. 30 et à 11 h. du matin. — PRIX, de Tours à Saumur : 1re chambre, 6 fr. 60 c.; 2e chambre, 4 fr.; — Angers, 11 fr. 50 et 8 fr.; — Nantes, 17 fr. 50 et 10 fr.

CHEMINS DE FER DE PARIS A ROUEN ET AU HAVRE.
Heures de Départ des Gares et Stations.

TRAINS DESCENDANT DE PARIS VERS ROUEN OU DE ROUEN VERS LE HAVRE.

DISTANCES de Paris en kilomètres.	STATIONS. — DÉPARTS de	N° 1. Tr. ordin. en 2 h. 50, Rouen (rive dr.) au Havre. (MATIN)	N° 2. Tr. ordin. en 7 h. Paris à Rouen (rive dr.) et au Havre. (MATIN)	N° 3. Tr. ordin. en 3 h. 50. Paris à Rouen (rive g.) (MATIN)	N° 4. Tr. gr. vit. en 3 h. 45. Paris à Rouen (riv. dr.) et au Havre. (SOIR)	N° 5. Tr. ord. en 1 h. 35. Paris à Mantes (SOIR)	N° 6. Tr. ordin. en 7 h. Paris à Rouen (rive dr.) et au Havre. (SOIR)	N° 7. Tr. ord. en 45 m. Paris à Poissy. (SOIR)	N° 8. Tr. ordin. en 3 h. 50. Paris à Rouen (rive g.) (SOIR)	N° 9. Tr. Poste en 6 h. 35. Paris à Rouen (rive dr.) et au Havre. (SOIR)	N° 10. Tr. ordin. en 45 m. Paris à Poissy. (MATIN, Le jeudi.)
»	**Paris**	»	7 »	10 »	midi.	1 25	4 »	5 25	7 »	11 »	6 »
9	Colombes	»	»	»	»	»	»	»	»	»	»
17	Maisons	»	7 27	10 27	»	1 52	4 27	5 52	7 27	11 26	6 27
22	Conflans (Pontoise)	»	7 38	10 38	»	2 3	4 38	6 4	7 38	»	6 39
27	Poissy	»	7 48	10 48	12 36	2 13	4 48	6 10	7 48	11 43	6 45
33	Triel	»	8 1	11 1	»	2 26	5 1	»	8 1	»	»
41	Meulan	»	8 13	11 13	»	2 38	5 13	»	8 13	12 5	»
49	Epône	»	8 25	11 25	»	2 50	5 25	»	8 25	»	»
57	**Mantes**	»	8 46	11 46	1 21	3 »	5 46	»	8 46	12 31	»
63	Rosny	»	8 56	11 56	»	»	5 56	»	8 56	»	»
69	Bonnières	»	9 6	12 6	1 39	»	6 6	»	9 6	12 51	»
80	Vernon	»	9 25	12 25	1 56	»	6 25	»	9 25	1 8	»
93	Gaillon (les Andelys)	»	9 43	12 43	»	»	6 43	»	9 43	1 28	»
107	Saint-Pierre (Louviers)	»	10 5	1 5	2 34	»	7 5	»	10 5	1 49	»
119	Pont-de-l'Arche	»	10 25	1 25	»	»	7 25	»	10 25	2 9	»
124	Tourville (Elbeuf)	»	10 34	1 34	»	»	7 34	»	10 34	»	»
126	Oissel	»	10 38	1 38	»	»	7 38	»	10 38	»	»
134	**Sotteville**	»	10 50	1 45	3 15	»	7 50	»	10 45	2 30	»
137	**Rouen** (rive gauche)	»	»	1 50	»	»	»	»	10 50	»	»
140	**Rouen** (rive droite)	6 10	11 10	»	3 29	»	8 10	»	»	3 10	»
146	Maromme	6 21	11 21	»	»	»	8 21	»	»	»	»
149	Malaunay	6 31	11 31	»	3 44	»	8 31	»	»	1 26	»
157	Barentin	6 49	11 49	»	3 59	»	8 49	»	»	»	»
159	Pavilly	6 53	11 53	»	»	»	8 53	»	»	»	»
170	Motteville	7 18	12 18	»	4 19	»	9 18	»	»	»	»
178	**Yvetot**	7 33	12 33	»	4 32	»	9 33	»	»	4 21	»
189	Alvimare	7 52	12 52	»	»	»	9 52	»	»	»	»
197	Nointot (Bolbec)	8 6	1 6	»	4 59	»	10 6	»	»	»	»
203	Beuzeville (Fécamp)	8 19	1 19	»	5 9	»	10 · 19	»	»	4 58	»
211	Saint-Romain	8 32	1 32	»	»	»	10 32	»	»	»	»
222	Harfleur	8 51	1 51	»	5 36	»	10 51	»	»	5 26	»
229	**Le Havre**	9 »	2 »	»	5 48	»	11 »	»	»	5 33	»

TRAINS MONTANT DU HAVRE VERS ROUEN OU DE ROUEN VERS PARIS.

Colonnes N° 1 à N° 3 : **MATIN.** — Colonnes N° 4 à N° 9 : **SOIR.** — Colonne N° 10 : **SOIR. Le jeudi.**

DISTANCES du Havre en kilomètres.	STATIONS. — DÉPARTS de	N° 1. Tr. ordin. en 4 h. 10. Rouen (rive g.) à Paris.	N° 2. Tr. ordin. en 7 h. 15. Havre à Rouen (rive dr.) et à Paris.	N° 3. Tr. ordin. en 50 m. Poissy à Paris.	N° 4. Tr. gr. vit. en 6 h. 10. Havre à Rouen (rive dr.) et à Paris.	N° 5. Tr. ord. en 4 h. 10. Rouen (rive g.) à Paris.	N° 6. (1) Tr. ordin. en 7 h. 15. Havre à Rouen (rive dr.) et à Paris.	N° 7. Tr. ordin. en 2 h. 45. Havre à Rouen (rive dr.)	N° 8. Tr. ordin. en 4 h. 50. Mantes à Paris.	N° 9. Tr. Poste en 7 h. Havre à Rouen (rive dr.) et à Paris.	N° 10. Tr. ordin. en 50 m. Poissy à Paris.
»	**Le Havre**	»	7 »	»	10 »	»	3 »	7 »	»	10 »	»
7	Harfleur	»	7 16	»	10 15	»	3 16	7 16	»	10 16	»
18	Saint-Romain	»	7 36	»	»	»	3 36	7 36	»	»	»
26	Beuzeville (Fécamp)	»	7 53	»	10 48	»	3 53	7 53	»	10 51	»
32	Nointot (Bolbec)	»	8 4	»	10 58	»	4 4	8 4	»	»	»
40	Alvimare	»	8 20	»	»	»	4 20	8 20	»	»	»
51	**Yvetot**	»	8 40	»	11 28	»	4 40	8 40	»	11 30	»
59	Motteville	»	8 54	»	»	»	4 54	8 54	»	»	»
70	Pavilly	»	9 11	»	»	»	5 11	9 11	»	»	»
72	Barentin	»	9 16	»	11 57	»	5 16	9 16	»	12 »	»
80	Malaunay	»	9 29	»	12 10	»	5 29	9 29	»	12 17	»
83	Maromme	»	9 37	»	»	»	5 37	9 37	»	»	»
89	**Rouen** (rive droite)	»	9 45	»	12 28	»	5 45	9 45	»	1 »	»
92	**Rouen** (rive gauche)	6 5	»	»	»	4 5	»	»	»	»	»
95	**Sotteville**	6 9	10 9	»	12 40	4 9	6 9	»	»	1 15	»
104	Oissel	6 29	10 29	»	»	4 29	6 29	»	»	»	»
105	Tourville (Elbeuf)	6 33	10 33	»	»	4 33	6 33	»	»	1 32	»
110	Pont-de-l'Arche	6 42	10 42	»	»	4 42	6 42	»	»	1 41	»
123	Saint-Pierre (Louviers)	7 2	11 2	»	1 25	5 2	7 2	»	»	2 2	»
136	Gaillon (les Andelys)	7 24	11 24	»	»	5 24	7 24	»	»	2 22	»
150	Vernon	7 43	11 43	»	2 5	5 43	7 43	»	»	2 41	»
161	Bonnières	7 59	11 59	»	2 17	5 59	7 59	»	»	2 58	»
167	Rosny	8 15	12 15	»	»	6 15	8 15	»	»	»	»
173	**Mantes**	8 33	12 33	»	2 40	6 33	8 33	»	9 10	3 25	»
181	Epone	8 44	12 44	»	»	6 44	8 44	»	9 22	3 48	»
189	Meulan	8 59	12 59	»	»	6 59	8 59	»	9 39	»	»
195	Triel	9 8	1 8	»	»	7 8	9 8	»	9 51	»	»
203	Poissy	9 23	1 23	8 10	3 22	7 25	9 25	»	10 8	4 12	5 10
208	Conflans (Pontoise)	9 35	1 35	8 22	»	7 35	9 35	»	10 21	»	5 22
215	Maisons	9 43	1 43	8 31	3 40	7 45	9 45	»	10 34	»	5 31
220	Colombes	10 1	2 1	8 47	3 56	8 1	10 1	»	10 50	4 46	5 45
229	**Paris**	10 15	2 15	9 »	4 10	8 15	10 15	»	11 4	5 »	6 »

Tous les trains, à l'exception des trains n°s 4 et 9, s'arrêtent 10 min. à Mantes et à Rouen (rive droite). Des buffets sont établis à ces stations.

(1) Le dimanche, le train n° 6, partant du Havre à 3 h. du soir, s'arrêtera aux stations de Poissy, Conflans et Maisons, seulement pour y déposer des voyageurs, et non pour en prendre; ces stations seront desservies par le train n° 8, partant de Mantes à 9 h. 40 du soir.

Extrait des derniers Tarifs.

TARIF POUR LE TRANSPORT DES FINANCES ET VALEURS.

Le transport de l'Or et de l'Argent, soit en lingots, soit monnoyé ou travaillé, du Plaqué d'or ou d'argent, du Platine, des Bijoux, Pierres précieuses et autres valeurs, sera effectué au même prix que celui des excédants de Bagages et des Marchandises (à grande vitesse), quant au poids.

La Compagnie percevra, en outre, le droit de garantie suivant :

1° *Sur les expéditions faites d'une station de la ligne de Paris à Rouen ou de la ligne de Rouen au Havre à une station de la même ligne :*

Pour les sommes de 1,000 fr. et au-dessous, par 100 fr. de la valeur déclarée. » fr. 05 c.
Le minimum de la perception est de.............................. » 25
Pour les sommes supérieures à 1,000 fr., par fraction indivisible de 1,000 fr. » 20
Le minimum de la perception est de............................... » 50

2° *Sur les expéditions faites d'une station de la ligne de Paris à Rouen à une station de la ligne de Rouen au Havre, et vice versâ :*

Pour les sommes de 1,000 fr. et au-dessous, par 100 fr. de la valeur déclarée. » 10
Le minimum de la perception est de.............................. » 50
Pour les sommes supérieures à 1,000 fr., par fraction indivisible de 1,000 fr. » 30
Le minimum de la perception est de....... .... 1 »

TARIF POUR LE TRANSPORT DES VOITURES ET DES CHEVAUX.	VOITURES.		CHEVAUX.		
	de 2 à 4 roues, 1 f., 1 banq.	de 2 à 4 roues, 2 f., 2 banq.	1 cheval.	2 chevaux.	3 chevaux.
	fr. c.	fr. c.	fr. c.	fr. c.	fr. c.
De Paris au Havre, *et vice versâ*....	114 50	148 85	68 70	128 25	171 75
De Paris à Rouen, id..........	68 50	89 05	41 10	76 70	102 75
Du Havre à Rouen, id..........	41 50	57 85	26 10	49 85	66 75

Pour plus de 3 chevaux expédiés du Havre, de Rouen et de Saint-Pierre, et adressés au même destinataire, à Paris, faculté de louer des wagons pouvant contenir au plus de 3 chevaux, à raison de 45 cent. par wagon et par kilomètre.

Extrait des Règlements.

Les voyageurs devront être rendus aux stations au moins 10 minutes et les bagages 15 minutes avant l'heure du départ.—5 minutes avant l'heure fixée pour le départ, les bureaux de recette seront fermés, et il ne sera plus délivré de billets.—Les billets ne peuvent servir que pour l'heure indiquée. — Ils doivent être présentés à l'entrée des salles d'attente et conservés pour être remis à la station d'arrivée.—Ils seront représentés à toute réquisition des agents de la Compagnie.—Les voyageurs qui ne pourraient pas représenter leur billet devront payer le prix de leur place, calculé sur la distance la plus éloignée.—Toutes les fois qu'un voyageur voudra changer de place, il en préviendra le chef du train et exhibera son billet. — A 2 ans, les enfants payent demi-place; à 6 ans, ils payent place entière. — Il est alloué à chaque voyag. 15 kil. de bagages. — Les bagages qui seraient présentés trop tard à l'enregistrement seront remis au train suivant et taxés comme messagerie. — Les bulletins de bagages doivent être conservés pour être représentés à la station d'arrivée. — Aucun paquet embarrassant ne sera placé dans les voitures. — Tout paquet enregistré devra être déposé dans les voitures de bagages.—La Compagnie ne répond pas des effets non enregistrés, ni des chiens qui ne seraient pas amenés 10 minutes avant le départ. — Le service des gares se fait gratuitement.—Il est défendu de fumer dans les voitures et dans les gares.

TARIF pour le transport des Voyageurs.

DE PARIS à	1re classe.	2e classe.	3e classe.	3e classe. Tr. de poste. Prix réduits.
Colombes.................	» »	» »	» »	
Maisons.................	1 50	1 25	1 »	
Conflans.................	1 75	1 50	1 40	
Poissy.................	2 »	1 60	1 30	
Triel.................	3 »	2 25	1 75	
Meulan.................	4 «	2 80	2 40	De Paris à Rouen (rive droite)........ 7 fr.
Epône.................	5 »	3 50	2 75	De Paris au Havre........ 12 5
Mantes.................	6 »	4 50	3 25	
Rosny.................	7 50	6 »	4 75	
Bonnières.................	8 »	6 50	5 25	
Vernon.................	9 50	8 »	6 »	
Gaillon.................	11 »	9 50	7 25	
Saint-Pierre.................	12 50	11 »	8 25	
Pont-de-l'Arche.................	14 »	11 50	9 20	
Tourville.................	15 »	12 50	9 50	
Oissel.................	15 70	12 70	9 70	
Rouen (rive gauche).....	16 »	13 »	10 »	
Rouen (rive droite)......	16 »	13 »	10 »	
Maromme.................	16 90	13 50	10 80	
Malaunay.................	17 25	13 70	11 »	
Barentin.................	18 15	14 55	11 50	
Pavilly.................	18 40	14 50	11 65	
Motteville.................	19 65	15 40	12 35	
Yvetot.................	20 50	16 »	12 90	
Alvimare.................	21 85	16 90	13 60	
Nointot.................	22 75	17 50	14 10	
Beuzeville.................	23 50	18 »	14 50	
Saint-Romain.................	24 35	18 70	15 »	
Harfleur.................	25 65	19 50	15 40	
Le Havre.................	26 50	20 50	15 50	

DU HAVRE à	1re classe.	2e classe.	3e classe.	3e classe. Tr. de poste. Prix réduits.
Harfleur.................	» 80	» 60	» 45	
Saint-Romain.................	2 20	1 50	1 25	
Beuzeville.................	3 »	2 10	1 70	
Nointot.................	3 70	2 50	2 10	
Alvimare.................	4 60	3 20	2 60	
Yvetot.................	5 90	4 10	3 35	Du Havre à Paris........ 12 fr.
Motteville.................	6 80	4 75	3 85	Du Havre à Rouen (rive droite)........ 5
Pavilly.................	8 »	5 60	4 55	De Rouen (rive droite) à Paris........ 7
Barentin.................	8 30	5 80	4 60	
Malaunay.................	9 20	6 40	4 80	
Maromme.................	9 55	6 65	4 90	
Rouen (rive droite)......	10 »	7 50	5 »	
Rouen (rive gauche)......	»	»	»	
Oissel.................	11 70	8 55	6 »	
Tourville.................	11 80	8 70	6 10	
Pont-de-l'Arche.................	12 30	9 »	6 30	
Saint-Pierre.................	13 90	9 90	6 90	
Gaillon.................	16 10	12 10	8 50	
Vernon.................	18 »	13 55	9 60	
Bonnières.................	19 25	14 80	10 60	
Rosny.................	19 75	15 »	10 85	
Mantes.................	20 75	15 80	11 35	
Epône.................	21 75	16 80	12 15	
Meulan.................	22 75	17 60	12 80	
Triel.................	23 75	18 30	13 25	
Poissy.................	24 75	18 80	13 35	
Conflans.................	25 25	19 30	13 85	
Maisons.................	25 75	19 90	14 40	
Colombes.................	»	»	»	
Paris.................	26 50	20 50	15 50	

Les voyageurs transportés dans leurs voitures payent le prix de la dernière classe du train dont ces voitures font partie.

SERVICE DES CORRESPONDANCES.

STATIONS DE DÉPART.	LOCALITÉS DESSERVIES.	STATIONS DE DÉPART.	LOCALITÉS DESSERVIES.
Poissy	Andrésy.		Fleury.
Meulan	Maule et Issou.		Pont-Saint-Pierre.
	Magny.	Pont-de-l'Arche	Lions.
	Anet.		Charleval.
Mantes	Septeuil.—Houdan.	Tourville	Elbeuf.
	La Roche-Guyon.	Oissel	Elbeuf.
	Ivry-la-Bataille.		Caen.
	Saint-André.		Pont-Audemer.
	Évreux.		Dieppe.
	Conches.	Rouen	Pont-l'Évêque.
	Verneuil.		Amiens.
Bonnières	Lire.		Neufchâtel.
	Laigle.		Le Mans.
	Breteuil.	Malaunay	
Vernon	Évreux.		Doudeville.
Gaillon	Les Andelys.	Motteville	Yerville.
	Louviers.		Saint-Laurent.
	Évreux.		Caudebec.
	Bernay.	Yvetot	Cany.
Saint-Pierre	Le Neubourg.		Saint-Valery.
	Beaumont-le-Roger.	Alvimare	Fauville.
	La Rivière.	Nointot	Bolbec, Lillebonne.
	Thibouville.	Beuzeville	Goderville, Fécamp.

OMNIBUS DANS PARIS.

Rue Saint-Martin, 247, hôtel du Petit-St-Martin;
Rue de la Jussienne, 25, bureau de Mme Mainot;
Cour des Messageries Royales;
Rue et hôtel Saint-Paul, 40;
Place du Carrousel, hôtel de Nantes;

Place Saint-Sulpice, rue du Vieux-Colombier, 6.
Des voitures spéciales desservent le Chemin de Fer à tous les départs et à toutes les arrivées, et transportent, de leurs diverses stations à la gare et de la gare à ces stations, les voyageurs et leurs bagages.

A ROUEN, au HAVRE et aux principales stations:
Omnibus spéciaux desservant le Chemin de Fer.

PAQUEBOTS A VAPEUR AU HAVRE.

DESTINATION.	JOURS DE DÉPART.	PRIX DES PLACES.	
		Arrière.	Avant.
		fr. c.	fr. c.
LONDRES	Mercredi et dimanche	38 25	25 50
BRIGHTON	Mercredi et vendredi	25 50	19 25
SOUTHAMPTON	Lundi, mercredi, vendredi et samedi	26 75	17 75
PORTHSMOUTH	Idem	»	»
LIVERPOOL	Une fois par mois	»	»
DUBLIN			
SAINT-SÉBASTIEN	Tous les 20 jours	120 »	95 »
SANTANDER	Idem	150 »	115 »
COROGNE	Idem	250 »	190 »
CADIX	Idem	360 »	270 »
MALAGA	Idem	400 »	305 »
ROTTERDAM	Tous les 5 jours	50 »	35 »
HAMBOURG	Tous les samedis	120 »	90 »
COPENHAGUE	Les 1er et 15 de ch. mois.	200 »	150 »
SAINT-PÉTERSBOURG	Idem	400 »	300 »
HONFLEUR	Tous les jours 2 fois	1 50	1 »
CAEN	Tous les jours	6 »	5 »
CHERBOURG	Mercredi et dimanche	10 »	6 »
SAINT-MALO	Les 6, 16 et 26	20 »	15 »
MORLAIX	Tous les 5 jours	30 »	20 »

PAQUEBOTS A VOILES AU HAVRE.

DESTINATION.

NANTES.	VERA-CRUZ.
BORDEAUX.	CAYENNE.
BAYONNE.	FERNAMBUCO.
CETTE.	RIO-JANEIRO.
MARSEILLE.	MONTEVIDEO.
LISBONNE.	BUENOS-AYRES.
BARCELONNE.	SANTIAGO.
ALGER.	VALPARAISO.
ORAN.	LOS INTERMÉDIOS.
BOSTON.	LIMA.
NEW-YORK.	BOURBON.
PHILADELPHIE.	MADAGASCAR.
BALTIMORE.	BOMBAY.
CHARLESTON.	PONDICHÉRY.
NOUVELLE-ORLÉANS.	MADRAS.
MARTINIQUE.	CALCUTTA.
GUADELOUPE.	ILES PHILIPPINES.
HAÏTI.	CANTON.
JAMAÏQUE.	
CUBA.	

SERVICES SUPPLÉMENTAIRES.

LES DIMANCHES ET FÊTES.

Indépendamment du service ordinaire, les départs suivants auront lieu jusqu'à nouvel ordre :

De **Paris**, à 9 h. 55 soir, pour Maisons, Conflans, Poissy. | De **Poissy**, à 8 h. 55 s., pour Conflans, Maisons, Paris.

A DATER DU SAMEDI 3 JUILLET 1847, INCLUSIVEMENT, ET JUSQU'A NOUVEL ORDRE,

TRAINS DE PLAISIR

DE PARIS AU HAVRE

Aller et Retour.

PRIX RÉDUITS.

Départ de **Paris** le **Samedi** soir à 6 h. 25. — Arrivée au **Havre** à 11 h. 30.
Retour du **Havre** le **Dimanche** soir à 6 h. 25. — Arrivée à **Paris** à 11 h. 30.

Les Billets sont délivrés, pendant la semaine et jusqu'au moment du départ, à la gare de PARIS, rue d'Amsterdam, n° 11.

De **PARIS**...... 1re Classe............ **28 fr.** 2e Classe............ **22 fr.** aller et retour.
De **ROUEN**..... 1re Classe............ **12 fr.** 2e Classe............ **10 fr.** id.

Les billets ne seront valables que pour les jours et les trains indiqués. — Ils devront être présentés au départ de **PARIS** ou de **ROUEN** et du **HAVRE** et seront retirés au retour.

LIGNE DE PARIS A VERSAILLES
(RIVE GAUCHE).

Organisation du Service d'Été.

DÉPARTS DE PARIS.		DÉPARTS DE VERSAILLES.	
heures.		heures.	
8 »		7 1/4	
9 »	TOUS	8 1/2	TOUS
10 »	LES CONVOIS	10 1/2	LES CONVOIS
11 »	desservent	11 1/2	desservent
12 »	LES STATIONS DE	12 1/2	LES STATIONS DE
1 »		1 1/2	
2 »	VANVES,	2 1/2	VIROFLAY,
3 »	CLAMART,	3 1/2	CHAVILLE,
4 »	MEUDON,	4 1/2	SÈVRES,
5 »	BELLEVUE,	5 1/2	BELLEVUE,
6 »	SÈVRES,	6 1/2	MEUDON,
7 »	CHAVILLE,	7 1/2	CLAMART,
8 1/2	VIROFLAY.	8 1/2	VANVES.
10 »		10 »	

MODIFICATIONS POUR LE SERVICE DES DIMANCHES ET JOURS DE FÊTE:
Départs du soir, desservant toutes les stations intermédiaires.
De Paris, à 7, 8, 9 et 10 h. — **De Versailles**, à 8 1/2, 9 1/2 et 10 h. 1/2.

Le Musée de Versailles est ouvert les samedis, dimanches, lundis et mardis.

PRIX DES PLACES.

		LA SEMAINE.			LES DIMANCHES ET FÊTES.		
		Wagons	Dilig.	Coupé.	Wagons	Dilig.	Coupé.
De Paris à...	CLAMART..........*et vice versâ*	» 40	» 60	» »	» 50	» 75	» »
	MEUDON, BELLEVUE SÈVRES, *id*...	» 60	» 75	» »	» 75	1 »	» »
	CHAVILLE ....*id*...	» 80	1 10	» »	1 10	1 30	» »
	VIROFLAY..........*id*...	1 »	1 25	» »	1 25	1 50	» »
	VERSAILLLES............*id*...	1 25	1 50	2 »	1 50	2 »	2 50
De Versailles à	VIROFLAY............*id*...	» 30	» 50	» »	» 50	» 75	» »
	CHAVILLE et SÈVRES........*id*...	» 50	» 70	» »	» 70	1 »	» »
	BELLEVUE et MEUDON.......*id*...	» 75	1 »	» »	1 »	1 25	» »
	CLAMART............*id*...	» 80	1 »	» »	1 »	1 25	» »
	Trajet entre deux stations.......	» 50	» 70	» »	» 70	1 »	» »

Les chiens doivent être muselés. Ils seront placés dans des caisses spéciales et assujettis à un droit fixe de 25 c., pour telle distance que ce soit.

BAGAGES ET TRANSPORT DES MARCHANDISES.

Les prix s'établissent par fractions de 5 kilog., en ajoutant 25 c. par envoi pour la distribution à domicile. — La Compagnie se charge du transport de grande et de petite messagerie, ainsi que des marchandises. Elle les fait prendre ou remettre à domicile dans Paris ou dans Versailles. Ecrire à l'Administration, barrière du Maine. — On peut déposer les paquets et les bagages aux gares du Chemin de fer, au *dépôt central*, et à Paris, place du Carrousel, hôtel de Nantes, Hôtel-de-Ville, rue et hôtel Saint-Paul. — Porte Saint-Martin, rue Saint-Martin, 256. Impasse de la Planchette. — Saint-Sulpice, rue du Vieux-Colombier, 6. — Palais-de-Justice, place du Palais, 1.
Les envois pour les stations intermédiaires s'effectuent *Bureau restant.*

TARIF

POUR LE TRANSPORT DES BAGAGES ET DES ARTICLES DE MESSAGERIE.

Par EXPÉDITION de	TRANSPORT sur le chemin de fer, bur. rest.	FACTAGE dans Paris ou à Versailles	TRANSPORT sur le chemin de fer et factage pour la prise ou la remise à domic.	Par EXPÉDITION de	TRANSPORT sur le chemin de fer, bur. rest.	FACTAGE dans Paris ou à Versailles	TRANSPORT sur le chemin de fer et factage pour la prise ou la remise à domic.
kil.	fr. c.	fr. c.	fr. c.	kil.	fr. c.	fr. c.	fr. c.
» à 5	» 20		» 45	50 à 55	1 20		1 45
5 à 10	» 30		» 55	55 à 60	1 30		1 55
10 à 15	» 40		» 65	60 à 65	1 40		1 65
15 à 20	» 50		» 75	65 à 70	1 50		1 75
20 à 25	» 60	0 25	» 85	70 à 75	1 60	0 25	1 85
25 à 30	» 70		» 95	75 à 80	1 70		1 95
30 à 35	» 80		1 05	80 à 85	1 80		2 05
35 à 40	» 90		1 15	85 à 90	1 90		2 15
40 à 45	1 »		1 25	90 à 95	2 »		2 25
45 à 50	1 10		1 35	95 à 100	2 10		2 35

Ainsi de suite, en augmentant de 10 c. par fraction de 5 kilog., jusqu'à 500 kilog. Au-dessus de 500 kilog., c'est à raison de 1 c. par kilog. Les articles de Messagerie pour les stations sont expédiés bureau restant.

Chaque Voyageur a droit à 15 kilog. : il est dû 10 c. *d'enregistrement pour toute expédition.*

OMNIBUS SPECIAUX DE PARIS.

25 centimes. LA SEMAINE.   **30 centimes.** LE DIMANCHE.

STATIONS DANS PARIS.

On peut y déposer tous Bagages et articles de Messagerie.

Carrousel. — Hôtel de Nantes. — Départs toutes les heures de convois, depuis 7 h. 1/2 du matin jusqu'à 9 h. du soir. — *Itinéraire en partant de la gare du Maine :* Chaussée du Maine, rues du Cherche-Midi, Mayet, de Sèvres, du Bac, Pont-Royal, place du Carrousel.

Bourse. — Rue Feydeau, 5. — Départs toutes les heures, depuis 7 h. 25 m. du matin jusqu'à 9 h. 25 m. du soir. — *Itinéraire en partant de la gare du Maine :* Chaussée du Maine, rues du Cherche-Midi, Mayet, de Sèvres, du Bac, Pont-Royal, place du Carrousel, rues de Richelieu, de la Bourse, Vivienne, Feydeau.

Saint-Sulpice. — Rue du Vieux-Colombier, 6, à côté de la place. — Départs toutes les heures, depuis 7 h. 40 m. du matin jusqu'à 9 h. 40 m. du soir. — *Itinéraire en partant de la gare du Maine :* Chaussée du Maine, rues de Vaugirard, de Madame, de Mézières, du Pot-de-Fer, du Vieux-Colombier.

Palais-de-Justice. — Place du Palais, 1. — Départs toutes les heures, depuis 7 h. 30 m. du matin jusqu'à 9 h. du soir. — *Itinéraire en partant de la gare du Maine :* Chaussée du Maine, rue de Vaugirard, place Saint-Sulpice, rues de Seine, de Bussy, Saint-André-des-Arts, Pont Saint-Michel.

Hôtel-de-Ville. — Rue et Hôtel Saint-Paul. — Départs toutes les heures, depuis 7 h. 20 m. du matin jusqu'à 8 h. 50 m. du soir. — *Itinéraire en partant de la gare du Maine :* Chaussée du Maine, rue de Vaugirard, place Saint-Sulpice, rues de Seine, de Bussy, Saint-André-des-Arts, pont Saint-Michel, quai aux Fleurs, pont Notre-Dame, quai Pelletier, place de l'Hôtel-de-Ville, rues du Pont-Louis-Philippe, St-Antoine et Saint-Paul.

Porte Saint-Martin. — Rue Saint-Martin, 256. — Départs toutes les heures, depuis 7 h. 15 m. du matin jusqu'à 9 h. 15 m. du soir. — *Itinéraire en partant de la gare du Maine :* Chaussée du Maine, rues du Cherche-Midi, Croix-Rouge, rues du Four, de Bussy, Dauphine, Pont-Neuf, rues du Roule, des Prouvaires, Pointe Saint-Eustache, rues Montorgueil, Petit-Lion-Saint-Sauveur, Saint-Denis, du Ponceau, Saint-Martin.

Avis intéressant. — A l'arrivée de chaque Convoi, les Voyageurs trouveront des CABRIOLETS et une VOITURE DE REMISE, tant à la Gare de Paris qu'à celle de Versailles.

CORRESPONDANCES.

Pour Rambouillet.

Départs de Versailles, tous les jours à 1 h. 1/2, à la gare du chemin de fer (rive gauche).
— de Rambouillet, tous les jours à 8 heures du matin, à Rambouillet, chez
M. Petit, hôtel de la Croix-Blanche. On arrive à destination en 3 heures.
    Prix des places : Coupé, 2 fr. 50 c.; Intérieurs et Banquettes, 2 fr. 20 c.
    Le Bureau de l'enregistrement des places est à Paris, place du Carrousel, hôtel de
Nantes, bureau du Chemin de fer.

Pour Saint-Nom et Villepreux.

Départs de Versailles à 9 heures 1/2 du matin et à 5 heures 1 2 du soir.
— de Saint-Nom, à 7 heures 1,2.
— de Villepreux, à 8 heures et à 2 heures.
    Prix des places : Pour Villepreux et St-Nom, 1 fr. ; pour Saint-Cyr, 50 c.
Bureaux : à Villepreux, chez M. Bichard ; — à Saint-Nom, chez M. Dubois ; —
à la Breïeche, chez M. Jacob.

Pour Dreux.

Départs : de Versailles, tous les jours à 8 h. 1/2 ; De Dreux, tous les jours à 8 h. 1,2.
    Prix des places : Coupé, 7 fr.; Intérieur et impériale, 6 fr.

Jouy.

Bureaux : à Jouy, hôtel de l'Écu ; — à Versailles, à la Gare du Chemin de fer.

Dimanches et fêtes.. { Départs de Jouy à 7 h. 1/2 du mat., midi 1/2, 7 h. 1 2 du soir.
— de Versailles à 10 h. 1/2 du matin, 4 h. 1,2 du soir.

Jours ordinaires .... { Départs de Jouy, à 7 h. 1/2 du matin, 3 h. 1,2 du soir.
— de Versailles à 10 h. 1 2 du matin, 5 h. 1,2 du soir.
    Prix des places : 50 centimes.

Pour Saint-Cyr (Entreprise Dambrine).

Départs de Saint-Cyr, tous les jours à 8 h. 3/4, 10 h. 3/4, midi 3/4, 2 h. 3/4, 4 h. 3/4,
pour desservir les convois partant de Versailles.
Départs de Versailles, tous les jours à 9 h. 1/2, 11 h. 3/4, 2 h. 3/4, 5 h. 1/2, 7 h. 3/4,
suivant les besoins du service après l'arrivée du convoi de Paris. — Les dimanches il
y aura des départs supplémentaires de Versailles.
    Prix des places : 50 centimes.

Pour Chevreuse.

Départ de Versailles, à 4 h. 1/2 du soir, Café Jacquet, rue Royale, au Coing d'Or.

Pour Houdan.

Départ de Versailles, à 4 heures 1/2 après-midi, Café Jacquet.
— d'Houdan, à 6 heures du matin.
    Prix des places : Coupé, 4 fr.; intérieur, 3 fr. 50 c.

Pour Montfort.

Départ de Versailles, à 6 heures 1 2 du matin, Café Jacquet.
— de Montfort, à 7 heures du matin.
    Prix des places : Coupé, 2 fr. 75 c. ; Intérieur, 2 fr. 25 c.

De Septeuil.

Départ de Versailles, à 4 heures 1/2 du soir, Café Jacquet.
— de Septeuil., à 4 heures du soir.
    Prix des places : Coupé, 3 fr. 25 c. ; Intérieur, 2 fr. 75 c.

Pour Chartres, Nogent-le-Rotrou et le Mans.

Départ de Versailles, à 8 heures 1,2 du soir, Café Jacquet.
    Les Voyageurs partant de Paris par le convoi de 3 heures, arrivent à Versailles à temps
pour le départ des trois voitures ci-dessus.
    Les voitures de Paris pour Argentan, l'Aigle, passent à Versailles à 6 h. et 8 h. du
matin ; et au retour à 1 h. et 3 h. du soir. Elles s'arrètent au Café Jacquet.
    Des omnibus desservent les stations de Clamart et Meudon.

LIGNE DE PARIS A SCEAUX.

Embarcadère barrière d'Enfer.

SERVICE D'ÉTÉ. — A partir du 2 Juin 1847.

HEURES DES DÉPARTS DE PARIS.			STATIONS DESSERVIES.	HEURES DES DÉPARTS DE SCEAUX.			STATIONS DESSERVIES.
Les Dimanches et Fêtes.	Les Lundis.	La Semaine.		Les Dimanches et Fêtes.	Les Lundis.	La Semaine.	
matin.	matin.	matin.		matin.	matin.	matin.	
6 1/2	6 1/2	6 1/2		7 »	7 »	7 »	
8 »	8 »	8 »		8 1/2	8 1/2	8 1/2	
9 »	9 »	10 »		9 1/2	9 1/2	10 1/2	
10 »	10 »	12 »	ARCUEIL.	10 1/2	10 1/2	12 1/2	FONTENAY.
11 »	11 »	1 »		11 1/2	11 1/2	1 1/2	
11 1/2	12 »	2 »		12 »	12 1/2	2 1/2	
12 »	1 »	3 »		12 1/2	1 1/2	3 1/2	
12 1/2	2 »	4 »	CACHAN.	1 »	2 1/2	4 1/2	BOURG-LA-R.
1 »	3 »	5 »		1 1/2	3 1/2	5 1/2	
1 1/2	4 »	6 »		2 »	4 1/2	6 1/2	
2 »	5 »	8 »		2 1/2	5 1/2	8 1/2	
2 1/2	6 »	9 1/2	BOURG-LA-R.	3 »	6 1/2	10 »	CACHAN.
3 »	8 »			3 1/2	8 1/2		
3 1/2	9 1/2			4 »	10 »		
4 »				4 1/2			
5 »				5 1/2			
6 »			FONTENAY.	6 1/2			ARCUEIL.
7 »				7 1/2			
7 1/2				8 »			
8 »			SCEAUX.	8 1/2			PARIS.
8 1/2				9 »			
9 »				9 1/2			
9 1/2				10 »			
10 »				10 1/2			
10 1/2				11 »			

NOTA. Les stations d'Arcueil et de Cachan seront desservies alternativement jusqu'à nouvel ordre. — Le premier train de la journée s'arrêtera à Arcueil.

MODIFICATIONS AU SERVICE LES DIMANCHES ET FÊTES.

Des convois supplémentaires, à 30 minutes d'intervalle, seront organisés toutes les fois que les besoins du service l'exigeront.

PRIX DES PLACES.	LA SEMAINE.				LES DIMANCHES ET FÊTES.			
—	sa-lons.	1re classe	2e classe	3e classe	sa-lons.	1re classe	2e classe	3e classe
	fr. c.	fr. c.	fr. c.	fr. c.	fr. c.	fr. c.	fr. c.	fr. c.
De Paris à Arcueil et Cachan......	»	» 50	» 45	» 30	»	» 60	» 45	» 30
Id. à Bourg-la-Reine..........	»	» 80	» 60	» 45	»	» 80	» 60	» 45
Id. à Fontenay-aux-Roses......	»	» 90	» 65	» 45	»	» 90	» 70	» 50
Id. à Sceaux................	1 25	1 »	» 70	» 50	1 50	1 10	» 85	» 60
D'Arcueil à Bourg-la-Reine.........	»	» 50	» 40	» 30	»	» 60	» 45	» 30
et à Fontenay-aux-Roses....	»	» 60	» 45	» 30	»	» 60	» 45	» 30
Cachan à Sceaux.................	»	» 70	» 50	» 40	»	» 70	» 50	» 40
De Bourg-la-Reine à Fontenay......	»	» 50	» 35	» 25	»	» 60	» 45	» 50
De Bourg-la-Reine à Sceaux.........	»	» 50	» 35	» 25	»	» 60	» 45	» 30
De Fontenay-aux-Roses à Sceaux...	»	» 50	» 30	» 20	»	» 50	» 30	» 20

CORRESPONDANCES.

OMNIBUS SPÉCIAUX CORRESPONDANT AVEC TOUS LES CONVOIS.

Rue du Bouloi, 22; rue Contrescarpe-Dauphine, 3.

Les Montrougiennes, rue de Grenelle-St-Honoré, 55; les Favorites et les Hirondelles conduisent les Voyageurs à l'embarcadère et aux barrières d'Enfer et Saint-Jacques.

Omnibus spécial gratis pour Fontenay-aux-Roses.

VOITURES EN CORRESPONDANCE AVEC LE CHEMIN DE FER DE SCEAUX.

Localités desservies.

Lonjumeau, Antony, Orsay, Palaiseau, Massy, Verrières, Chatenay.

On trouve des Voitures de correspond. à la station de Bourg-la-Reine pour	Lonjumeau.. Antony......	aux départs de Paris de......	8 h., 10 h., 12 h. matin. 2 h., 4 h., 6 h., 9 h. 1,2 s.
	Orsay...... Palaiseau.... Massy.......	aux départs de Paris de......	8 h., 12 h. matin. 4 h., 8 h. soir.
à la station de Sceaux pour	Verrières.... Chatenay....	aux départs de Paris de......	8 h., 10 h., 12 h. matin. 4 h., 6 h., 9 h. 1,2 soir.

HEURES des départs			
de Lonjumeau desserv. Antony..	6 h., 7 h. 1/2, 9 h. 1/2, 11 h. 1/2 matin. 1 1/2, 4 1/2, 7 1/2 soir.	Correspondan. avec les convois partant de Bourg-la-Reine à......	7 h. 1/4, 8 3/4, 10 3/4, 12 h. 3/4 matin. 2 h. 3/4, 5 3/4, 8 3/4 s.
d'Orsay desserv. Palaiseau et Massy......	5 h. 1/2, 9 h. matin. 1 h., 6 h. 1/2 soir.	Correspondan. avec les convois partant de Bourg-la-Reine à......	7 h. 1/4, 10 h. 3/4 m. 2 h. 3/4, 8 h. 3/4 soir.
de Verrières desserv. Chatenay	6 1/4, 9 3/4, 11 3/4 m. 5 3/4, 5 3/4, 9 1/4 soir.	Correspondan. avec les convois partant de Sceaux à............	7 h., 10 1/2, 12 1 2 m. 4 1/2, 6 1/2, 10 soir.

PRIX DES PLACES DANS LES VOITURES EN CORRESPONDANCE.

BUREAUX.		SEMAINE.	DIMANCHES ET FÊTES.
Lonjumeau............	M. Letourneur père............	» fr. 50 c.	» fr. 75 c.
Antony............	M. Roger, restaurateur............	» 50	» 40
Orsay............	Poste aux chevaux............	1 »	1 25
Palaiseau............	Hôtel de l'Ecu............	» 75	1 »
Massy............	M. Brunet, débitant de tabac............	» 50	» 75
Verrières............	Mme veuve Marchal, traiteur............	» 50	» 75
Chatenay............	M. Missonnier, épicier............	» 50	» 40
Fontenay-aux-Roses.....	M. Lambert, Grande-Rue............	*Omnibus gratis.*	

TABLE DES MATIÈRES.

Paris, imp. de Paul Dupont.